Reichsgerichts-Entscheidungen

in kurzen Auszügen

Herausgegeben vom

Deutschen Richterbund

Gesamtregister zu Strafsachen
Band 45—60

1927

München, Berlin und Leipzig

J. Schweitzer Verlag (Arthur Sellier)

Reichsgerichts-Entscheidungen

in kurzen Auszügen

Herausgegeben vom

Deutschen Richterbund

Gesamtregister zu Strafsachen
Band 45—60

1 9 2 7

München, Berlin und Leipzig
J. Schweitzer Verlag (Arthur Sellier).

Druck: Dr. F. P. Datterer & Cie., Freising-München.

Sachregister.

Die fettgedruckten Ziffern verweisen auf die Bandzahl, die gewöhnlichen auf die Entscheidungsnummer.

A.

Abänderung, Urkundenfälschung **51** 118; Urteilsgründe **54** 12
Abbau von Kalisalzen **47** 100
Abbildung, Inhalt einer **48** 65; unzüchtige **47** 127, **48** 68, **56** 90, **57** 157
Abgabe von Milch **45** 17; eidesstattliche Versicherung **49** 11; von Sprengstoff **49** 67; der Steuererklärung **49** 46
Abgabenhinterziehung, Zusammentreffen mit Konterbande **52** 132
Abgabennachzahlung **60** 136
Abgeordneter **47** 81; Strafverfolgung **59** 40; Strafverfolgungsverjährung **52** 20
Abhandenkommen, beschlagnahmter Tabak **53** 11
Abirrung **54** 174
Ablehnung, Aussetzung der Verhandlung **52** 131; von Beweisanträgen **46** 75, **47** 29, **48** 27, **49** 10, **51** 2, 8, 16, 25, 47, **54** 75, **55** 60, **56** 70, 73, 183, **58** 142; wertloses Beweismittel **46** 105, **52** 87; ehrengerichtliches Verfahren **52** 152; der Eröffnung des Hauptverfahrens **46** 62; Geschworene **53** 49, **56** 161, **57** 16, 36, 42; Fragen an Sachverständige **51** 74; Nebenfrage wegen Meineid **55** 109; Richter **49** 3, **54** 164, **55** 30, **56** 21, **58** 136, **59** 131, **60** 21; Sachverständige **47** 75, **55** 53, **58** 123, 144; Vernehmung von Mitangeklagten **54** 49; Zeugenladung **52** 23
Abolition s. gnadenweise Niederschlagung; s. Niederschlagung
Abonnementsbestellformular **46** 45
Abonnentenversicherung **49** 40
Absperrung **45** 75
Absatz Kali **46** 60; Hehlerei **53** 114, **54** 55, **57** 39; Mitwirkung **55** 31
Absatzbeschränkung **52** 52, 86
Absatzgebiet **46** 17
Abschreibung, Einkommensteuer **48** 46
Abschrift, Urkundenfälschung **49** 99, **59** 7; Verlesung **50** 32, **51** 36

Absender, Gewahrsam an Frachtgut **53** 186
Absendervermerk, Urkundenfälschung **51** 57
Absicht 51 81, 92, 107, 140, **53** 105, 121, 188, **58** 154; Bedrohung **54** 139; Begünstigung **54** 175; Betrug **54** 2; Diebstahl **54** 120; gewinnsüchtige **56** 122, **57** 6; rechtswidrige **46** 64, **56** 59; Urkundenfälschung **50** 14; Unterschied von Vorsatz **49** 36; verbotene Flugblätterverteilung **52** 36; bei Vollstreckungsvereitelung **59** 101; Zollhinterziehung **50** 30; Zueignung **52** 71
Absperrungsmaßnahme 46 83
Abstimmung 54 93, 112, **60** 102
Abstraktes Geschäft 49 70
Abtreibung 56 175, **57** 38, **60** 11; Anstiftung zur Beihilfe **59** 127; Aufforderung zur **60** 39; ausländisches Recht **54** 117; Fortsetzungszusammenhang **59** 36, 138; gewerbsmäßige **60** 127; Rücktritt **52** 90; untauglicher Versuch **47** 18, **52** 90, 106, **56** 87
Abtreibungsmittel (untaugliches) **47** 19, **54** 117; Ankündigung **57** 157; Beibringung **52** 106
Abtrennung 52 67
Abwehrhandlung 56 40
Abwesenheit des Angeklagten **49** 9, **52** 37, **58** 72, 86; notwendiger Verteidiger **52** 89, **54** 142; Zeuge **51** 8
Abwesenheitsverfahren 54 94
Abzüge, Grunderwerbsteuer **58** 19
Achtstundentag 55 39, **56** 106, **57** 60
Achtungsverletzung 57 209
Agent, Handelserlaubnis **51** 40, 141, **54** 43
Agenturprovision 50 118
Agiohandel, verbotener **58** 149
Aktenbeseitigung 59 103
Akteneinsicht, Sachverständiger **52** 78
Aktenkenntnis 56 28
Aktenverlust, Revision **54** 47, **55** 85
Aktenvernichtung 55 85
Aktiengesellschaft, Bilanzfälschung **49** 110; Gesamtvertretung **47** 8; Haftpflicht **52** 147; Strafantrag des Vorstands **47** 104; Warenzeichen **49** 89; Untreue des Direktors **47** 8; Untreue des Vorstands **47** 10
Aktienkapital, Einzahlung **53** 78
Aktiennachahmung 48 38
Alsbaldiger Verbrauch 55 144; Kohlendiebstahl **52** 120; s. a. Verbrauch
Altarkerzen, Kirchendiebstahl **53** 74
Alternativfeststellung, Hehlerei **51** 66, **55** 116; schwerer Diebstahl **55** 23, 127; s. a. Wahlfeststellung

Altkleiderhandel, Gewerbsmäßigkeit **52** 83

Altmetallverkehr 58 51

Amnestie **52** 122, 147, 148, 153, 173, 178, **53** 18, 19, 24, 25, 26, 29, 31, 33, 35, 37, 40, 41, 55, 59, 60, 175, 176, 181, **54** 1, 5, 6, 7, 8, 9, 10, 30, 31, 33, 35, 45, 126, 157, 168, **55** 28, 128, **56** 21, 40, 55, 98, 121, **58** 183, 191, **59** 21

Amt, kirchliches **47** 12

Amtliche Aufbewahrung **50** 122, **52** 123, **57** 190

Amtliche Eigenschaft, Verhältnis zur amtl. Zuständigkeit **50** 75

Amtlicher Gewahrsam **54** 128

Amtliches Schriftstück, Veröffentlichung in der Presse **47** 77

Amtlich übergebene Sachen, Beiseiteschaffung **50** 134, **51** 79, 136

Amtliche Übergabe **54** 114

Amtlicher Vorgesetzter, des Oberreichsanwalts **57** 221

Amtsanmaßung **54** 114, **55** 14, 148, **56** 82, 114, **58** 85, **59** 96

Amtsanwalt, Vertretung des Staatsanwalts **51** 77

Amtsausübung, Rechtmäßigkeit **55** 87, 117, **58** 92

Amtscharakter, Postaushelfer **51** 24

Amtsgeheimnis 48 12

Amtsgewalt, Mißbrauch **46** 112, **49** 100, **53** 161, **60** 3

Amtshandlung, Begriff **56** 8; Bestechung **50** 79, **55** 27; Nötigung **54** 66; Schütteln der Wahlurne **46** 52; Voraussetzung der Vereidigung des Beamten **55** 30

Amtsmißbrauch **56** 68, 200, 203

Amtsniederlegung **56** 8

Amtspflichtverletzung **47** 113; Bestechung **50** 79; Eisenbahnunfall **51** 22; fahrlässige Tötung **51** 22; Unterschlagung **51** 24, 43

Amtsrichter, Beiziehung zur Strafkammer **57** 137

Amtssiegel, preußische Handelskammer **52** 100

Amtsunterschlagung **46** 102, **51** 24, 43, **53** 47, **54** 104, 128, 157, **55** 158, **57** 17, 87, 163, **58** 112, 154, **59** 64, 106, **60** 6, 30, 108, 129; Anstiftung durch Nichtbeamte **55** 98; Fahrkartenverkäufer **52** 79; Lehrer **50** 75; Postaushelfer **49** 28; Postbeamter **49** 34

Amtsurkundenfälschung **59** 106

Amtsverbrechen **45** 68

Amtsvergehen **49** 28, 34, 56, 100

Amtsvormundschaft **60** 108

Analogie, bürgerliches Recht **56** 87; Zollrecht **47** 7

Änderung, der Anklage **59** 22; Gesetzgebung **56** 24, 77,

200; nachträgliche **56** 115; des Personenstandes **56** 69; rechtlicher Gesichtspunkt **52** 131, **56** 26, 163; Strafgesetz **52** 171; einer Urkunde **56** 115
Aneignungsrecht an Brieftauben **48** 113
Anerbieten, Verbrechen **52** 127
Anfechtung, beschränkte **52** 136, **54** 74, **58** 15, **60** 45, 46; gerichtliche Entscheidung **54** 30; von Prozeßhandlungen **57** 45; von Urteilen **45** 30; **47** 70, **57** 46; Verwaltungsstrafbescheid **54** 35
Anfertigung einer falschen Urkunde **57** 37
Angabe des Grunds bei Ausverkauf **45** 74; Stimmverhältnis **49** 118; Strafgesetz im Urteil **51** 12; unwahre **49** 101, 110
Angebot, Anschein eines ungünstigen **47** 82; besonders günstiges **48** 13; freibleibendes **50** 17, 51
Angehörige, Begriff **56** 202, **57** 153; Diebstahl **50** 11, **54** 135
Angeklagter, Abwesenheit **58** 72, 86, **60** 66; Anwesenheit bei Vernehmung eines Mitangeklagten **55** 89; Befragung **47** 39, **48** 75; Einweisung in eine Irrenanstalt **54** 86; Entfernung aus der Verhandlung **49** 9, **52** 37, **54** 51, **60** 109; Fesselung **54** 91; gesetzwidrige Vernehmung **60** 113; Vernehmung **48** 75; Verschuldung von Kosten **49** 14
Angestellter 58 120, 190; Abgabe ohne Bezugsschein **50** 92; Bestechung **49** 53; Haftung **49** 31, 39; Haftung des Unternehmers **50** 3; Handelserlaubnis **53** 5; Unterschlagung **52** 69; Verrat von Geschäftsgeheimnissen **50** 33; Warenzeichen **49** 89; als Zustellungsempfänger **49** 37
Angestellter Richter 60 85
Angriff, gegenwärtiger (Notwehr) **53** 65, **55** 44; Raufhandel **59** 39, 88; tätlicher **58** 54
Ankaufen 57 39
Anklage, Änderung **59** 22; Ausdehnung **59** 113; Erhebung **45** 38; Erneuerung **46** 18; Erschöpfung **46** 99, **49** 106; Schrift **51** 66, 123; Verfahren ohne solche **56** 58; Verfügung **57** 5; Wiederaufnahme **56** 45
Ankündigung, Ausverkauf **45** 43; durch Plakate **48** 32; unzüchtige Schriften **57** 183
Anmaßung eines Patents, s. Patentanmaßung
Anmeldung der G. m. b. H. **48** 47
Annahmebuch 60 6
Annoncen, Preissteigerung **50** 103; Expedition **58** 173
Anonymität, versteckte **46** 79

Anordnung, obrigkeitliche **55** 4; seuchenpolizeiliche s. Seuchenpolizei; vorübergehende **58** 162
Anordnungsrecht des Militärbefehlshabers **49** 1, 42, 79, 88, 96, 125
Anpreisung, Empfängnisverhütungsmittel **55** 48
Anrechnung, Strafe aus Strafbefehlen bei Klageverbrauch **52** 91; Untersuchungshaft **52** 96
Anrechnung von Schutzhaft **58** 45
Anreizen 47 128
Anreizung zur Widersetzlichkeit **50** 40 106
Anschaffung von Stempeln, Münzvergehen **48** 48
Anschluß der Verwaltungsbehörde, Kosten **48** 102
Anschluß, als Nebenkläger **54** 151
Anschlußberechtigung, Prüfung durch das Revisionsgericht **53** 116
Anschrift, Urkundenfälschung **55** 151, **56** 118
Anschuldigung, falsche **46** 23, **47** 12, **53** 111, **57** 149, **58** 109, **59** 14, **60** 111; Zusammentreffen mit Beleidigung **52** 40
Ansichbringen 56 103; Hehlerei **47** 94, **49** 124, **51** 66, **52** 104, **53** 48, 88, **55** 31, 120, 159
Ansteckende Krankheit, Anzeigepflicht **48** 22
Anstellungsgesuch 56 127
Anstellungsurkunde, Beamteneigenschaft **50** 121,
Anstiftung zum Bandenschmuggel **47** 117; zur Begünstigung **50** 124; zur Begünstigung des Anstifters **60** 120; zur Beihilfe **59** 127; zum schweren Diebstahl **53** 93, **59** 11; zur Erpressung **56** 88; zur falschen Anschuldigung **59** 14; Ges. Konkurrenz bei Beihilfe **47** 115; zur Gläubigerbegünstigung **48** 6; Körperverletzung mit Todesfolge **59** 54; zur Lohnabtreibung **60** 58; zum Mord **55** 42; zur Nötigung **49** 100; Preissteigerung **52** 3, 111; zum Stempelvergehen **47** 18; Süßstoffvergehen **49** 55; zum Totschlagsversuch **56** 10; zu einer Übertretung **51** 54; wahlweise Feststellung **59** 79; Zusammentreffen mit Beihilfe **53** 103; Zusammentreffen mit Bestechung **55** 98
Antrag auf gerichtliche Entscheidung **55** 34; im Vorverfahren **48** 114
Antragsberechtigter, Heeresgutverletzung **51** 32
Antragsdelikt, Amnestie **54** 1
Antragsteller, Kenntnis der Straftat **51** 23
Anvertrautsein, unzüchtige Handlung **57** 7
Anwaltskammer 47 123

Anwartschaft, betrügerische Verletzung **51** 72
Anwerbung, Auswanderung **55** 61
Anwesenheit bei Vernehmung von Mitangeklagten **55** 89; Sachverständiger bei Vernehmung eines andern **52** 78; des Verteidigers als Zeugen **55** 119
Anzahlung **58** 110
Anzeige, Steuerstrafrecht **57** 66; falsche **46** 23; falscher Name **48** 14, **49** 99; sofortige **45** 17, 75
Anzeigepflicht geplanter Verbrechen **60** 83; Hebamme **48** 22; nach dem ViehſGeſ. **45** 17, 75, **47** 28, 64, 78; Waffenlager **57** 207; Zigarettensteuer **55** 5
Apothekertitel (unl. Wettbewerb) **46** 85
Approbation, ausländische **48** 2
Arbeiter, jugendliche **45** 67; Übertretung des Achtstundentages **55** 39
Arbeiterinnen, Beschäftigung bei Bauten **48** 85
Arbeiterrat **54** 66
Arbeiterschutz **45** 67, **57** 55;
Arbeiterwehr, Freiheitsberaubung **54** 170
Arbeitgeber, Krankenkassenbeiträge **50** 35; mehrere **45** 90
Arbeitsniederlegung durch Beamte **57** 26
Arbeitspausen **47** 14; Nebenbetriebe **48** 31
Arbeitsvergebung **60** 9
Arbeitszeit **56** 106, 189, **60** 150
Ärgernis, Sittlichkeitsvergehen **51** 62, **53** 70
Arglistige Täuschung über Sacheinlagen **49** 101
Armenanwalt **51** 76
Armenpflegschaftsrat, Bestechung **51** 34
Arrest **56** 76; Gesamtstrafe **58**, 31, 32; militärischer **57** 209
Arzneihandel im Umherziehen **47** 4
Arzneimittel **56** 130; Konterbande **51** 140; Radium **57** 56; verbotene Ausfuhr **59** 42
Arzneitaxe, Preissteigerung **51** 65
Arzt als Zeuge **57** 34; Sachverständigenpflicht **49** 9; Zeugnisverweigerungsrecht **48** 81
Ärztliche Behandlung, fahrlässige Tötung **50** 10
Ärztlicher Titel **48** 2
Asservatverzeichnis, öffentliche Urkunde **52** 140
Aufbewahrung, amtliche **50** 122, **51** 76, 136, **52** 123, **53** 120, **57** 190
Aufbewahrungsraum, Bereitstellung als Diebstahlshilfe **53** 83
Aufenthaltsbeschränkung für Ausländer **49** 125
Aufforderung zum Abschluß von Rennwetten **47** 128; zur Begehung von Verbrechen **46** 111, **48** 15, **53** 195, **56** 43, 78, 176, **57** 89, 122, 147, **58** 43, **60** 11; Geisteskranker **47** 71; Hochverrat **53** 165; zur Höchstpreisüberschreitung

50 138; zur Verbotsübertretung 49 80; Ungehorsam gegen die Gesetze 54 127, 58 94; zur Widersetzlichkeit 50 40
Aufführung eines Werks, s. Urheberrecht
Aufgebotsverfahren 45 70
Aufgeld 49 6
Aufhebung von Strafgesetzen 47 129; von Urteilen im Strafausspruch 47 118
Aufkauf 52 55, 47 107; Verbot im Viehhandel 49 81
Aufkäufer, amtlicher 55 64
Aufklärung, geschlechtliche (Unzüchtigkeit) 48 68; von Strafsachen 59 63
Aufklärungspflicht des Gerichts 47 130, 60 35
Auflassung 49 39, 49, 70, 120
Auflassungsstempel, Hinterziehung 55 107
Aufnahmebuch in Polizeigefängnissen, Urkundenfälschung 49 61
Aufsuchen von Bestellungen, Verbot 49 81
Aufruhr, 53 31; Fragestellung 54 160; militärischer 56 7
Aufsichtsbeschwerde 56 19
Aufsichtsrecht, Bürgermeister 59 46
Auftraggeber 56 133
Aufwiegelung 57 209
Aufzug, öffentlicher 45 20, 46 8
Augenschein 50 42, 54 111; Ablehnung 47 29; Beweismittel 47 73; Öffentlichkeit 47 97, 52 66
Ausarbeitung unterhaltenden Inhalts 47 86
Ausbeutung, Notlage 60 150; unsittlicher Erwerb 57 32; Wohnungswucher 53 163
Ausbleiben, Angeklagter 59 93; Verteidiger 52 129
Ausbruch, Gefängnis 55 37
Ausfuhrbescheinigung 52 64
Ausfuhrbewilligung 52 49, 156, 57 176, 58 80
Ausführung von Aufträgen 58 174
Ausführungsanfang, Diebstahl 53 119, 186, 54 120, 165, 55 105; Meineid 54 53; Mord 59 119; Totschlag 59 122; Urkundenfälschung 56 99
Ausführungsvorschriften, Viehseuchengesetz 49 50, 85
Ausfuhrunternehmen 58 33
Ausfuhrverbot 49 69, 127, 50 12, 28, 46, 90, 51 5, 28, 52 49, 59, 64, 144, 160, 53 9, 21, 67, 134, 190, 54 150, 56 144, 147, 57 182, 58 64, 119, 161, 185, 59 42, 60 70
Ausfuhrware, Höchstpreisüberschreitung 50 144
Ausgleichsamt, Täuschung 57 61
Aushilfsbriefträger, Beamteneigenschaft 52 161
Aushilfspostillion, Amtsunterschlagung 51 43
Auskunft in Steuersachen 57 146
Auskunftspflicht 60 100

Auslagen, notwendige **46** 15
Ausland, Absatz **45** 90; Anpreisung im **48** 19; Approbation **48** 2; Begehungsort **55** 132 149; Bodensee **55** 188; Doppelehe **55** 157; Gerichtsbarkeit **54** 36; Kaliabsatz **46** 60; Konterbande **53** 67, 134; Lieferung **45** 90; Mehleinfuhr **54** 64; Saargebiet **57** 150; Straftat deutscher Soldaten **54** 36; Verkauf von Weinfälschungsmitteln ins **47** 125; Verübung der Haupttat zur Hehlerei **55** 132; Vollendung der Tat **50** 8; Wein **49** 83, **50** 15; Zahlungsverbot **50** 8; Zeugenvernehmung **46** 13; Zollstellen **58** 9
Ausländer, Gerichtszwang **52** 80; Spionage **49** 128
Ausländisches Geld, Fälschung **54** 130; Gesellschaft, Auswanderung **48** 59; Mehl, Verbrauchsregelung **50** 2; Recht, Abtreibung **54** 117; Strafurteile, Rechtswirkung **59** 5; Zahlungsmittel, verbotener Handel **50** 49, **51** 33
Auslegung **60** 35; gesetzliche **54** 5; Meineid **59** 108, 109
Auslieferung, Großbritannien **45** 64, **50** 37; Schweiz **49** 65, **54** 50; Tschechoslowakei **55** 162, **59** 100; Mord **60** 72; Münzvergehen **48** 48
Auslobung **56** 31
Auslosung der Geschworenen **48** 53
Ausnahmegerichtsbarkeit **49** 108, **56** 86, **58** 58
Ausnahmeverordnung **57** 200, **59** 12
Ausnahmezustand **58** 162; in Bayern **59** 68
Aussage, unwahre, Meineid **49** 4
Aussagenverlesung **51** 8, 46, **54** 8, 13
Ausschließung von Geschworenen **56** 53; der Öffentlichkeit **47** 106; von Richtern **49** 123, **54** 156, **55** 65, 101, 141, **57** 141, **59** 89, **60** 113
Aussetzung **52** 29, 131, **54** 132, **57** 179, 185
Aussetzungsantrag **48** 122
Ausspielung **55** 152, **59** 110, **60** 51, 82
Ausstattung von Waren **49** 24
Ausstattungsschutz **46** 6, 26, **48** 43
Ausstellungsort **52** 163
Ausstreuung, Begriff **59** 135
Ausverkauf **45** 7, 10, 11, 37, 43, 74, 91, **46** 66, **47** 26, 33, **48** 32, 99, **50** 4; Konkursmasse **47** 33; ungültige Polizeiverordnung **47** 26; unl. Reklame **47** 49
Auswanderung, Anwerbung **55** 61; Wehrpflichtverletzung **51** 121
Auswanderungsagent **48** 59
Auswanderungswesen **45** 42
Auswärtige Strafkammer, Richterbestellung **55** 123
Ausweiskarte, Fälschung **54** 98; Stellenvermittler **48** 17; Viehhandel **50** 89

Außenhandel 56 104, 147
Außereidliche Zeugenaussagen 46 20
Außerordentliche Kriegsgerichte 49 25
Außerverfolgungsetzung 49 65, **51**, 123, **60** 42
Automat 45 58, 108

B.

Bäckerei, Arbeitsordnung **57** 25
Backware, Verbot der Herstellung **50** 2
Bahnangestellte, Dienstanweisung **53** 66; Verschiebung von Eisenbahnwagen **53** 186; Zolldelikt **54** 33
Bahndiebstahl 55 144
Bahnhofshalle, umschlossener Raum **55** 83
Bahnhofverkaufsstelle 58 66
Bahnpolizeibeamter 57 14
Bahnsteig, Beförderungsdiebstahl **54** 106
Bandendiebstahl 47 105, **49** 33, **52** 107, **56** 44
Bandenschmuggel 47 117, **49** 33, **54** 115, **60** 119
Banderole, Zigarettensteuer **50** 82
Bankerott 45 2, 21 97, **46** 29, **47** 16, 88, 93, **48** 64, **49** 77, 95, **50** 34 41, **52** 153, **55** 16, **57** 184, **58** 146, **60** 77, 98
Bankgeschäft 57 184
Bankguthaben 56 64
Bannbruch 56 6
Baubuch 46 4, 82, **47** 56, **48** 35, **49** 20, 66
Baugeld 47 56, **48** 101
Baugewerbetreibender, Begriff **47** 20
Baugläubiger, Benachteiligung **48** 35; Sicherung **48** 101
Baukunst, anerkannte Regeln **47** 131, **56** 168
Bauleiter 57 106
Baupolizei 56 168
Bauten, Beschäftigung von Arbeiterinnen **48** 85
Bauunternehmer 46 4, 82, **47** 56
Bayern, Zuständigkeit für Preßdelikte **49** 35; Belagerungszustand **49** 1, 29
Beamter, gültige Amtshandlung **55** 30; Amtsunterschlagung **52** 79; Anstiftung zur Amtsunterschlagung **55** 98; Aushilfspostillion **51** 43; Bestechung **47** 20, **50** 79, **51** 34; Briefsortierer **51** 130; Bürgermeister **49** 100; Geistlicher als kirchl. Gemeindewahlvorsteher **56** 192; Hilfsarbeiter eines Kommunalverbandes **50** 121; Heeresbeamter **58** 90; Hilfsgepäckträger **52** 180; Justizanwärter **52** 140; Kreiskommunalbeamter **55** 15; Kirchengemeinde **57** 17; Kreisausschuß **57** 62; Landschaftsbeamter **55** 75; oberschlesische Polizei **57** 173; Postaushelfer **49** 28, **51** 24, 130, **52** 161; Postbeamter

49 34; preuß. Landgendarm **55** 87; Reichsbahn **60** 55; Stadtsekretär **49** 100; Streikandrohung **55** 19; Unfähigkeit zur Amtsbekleidung **50** 5; Unterdrückung von Briefen **47** 20; Viehhandelsverbandsaufkäufer **55** 64; Vereidigung **55** 30; Wahlvorstand **56** 188; Wohnungsamt **56** 180; Wohnungskommission **57** 186; Zuständigkeit zur Urkundenausstellung **52** 8

Beamtenbeleidigung 46 43

Beamteneid, Wirkung des Thronverzichts **52** 181

Beamtennötigung 46 31, **54** 109, **55** 19, **56** 8, 19, 101, 192

Beamtenstreik 55 19, **56** 200, 201

Beamter s. auch Postbeamter

Bebautes Grundstück 47 108

Bedarf, täglicher **56** 116, 130, **58** 181; hauswirtschaftlicher Gegenstand **58** 168

Bedingter Beweisantrag 55 63

Bedingter Vorsatz, Begünstigung **55** 70; Betrug **55** 145; s. a. Vorsatz

Bedrohung 55 2; Verhältnis zur Nötigung **54** 90, 139; Verhältnis zum Widerstand **54** 90

Beeidigung Beamter **55** 30; des Dolmetschers **45** 71; Mennonit **52** 33; Militärstrafprozeß **52** 1; Mitangeklagter als Zeuge **52** 67; des Sachverständigen **45** 92; Sachverständiger als Zeuge **55** 100; Teilnahmeverdacht **54** 158; Teilnehmer **57** 80; unzulässige **56** 47; von Zeugen **46** 55, **49** 68, 110, **53** 68, 90, 117, 140, **57** 217

Beendigung des Unternehmens **60** 31

Befangenheit Geschworener **45** 66; Richterablehnung **55** 30, **59** 131

Befehl in Dienstsachen **57** 209, **58** 54, **59** 105, 130; Gehorsamsverweigerung **48** 123

Befehlsgewalt, Festungsgouverneur **50** 80; Übertragbarkeit **50** 80

Beförderung, Bücher **45** 4, **46** 9

Beförderungsanstalt 47 72, 95; s. auch Postzwang

Beförderungsdiebstahl 52 168, **54** 83, 106, 161

Befragung des Angeklagten **47** 39; Zeugen **45** 103

Befriedetes Besitztum 54 26

Befugnis übertragener **59** 17

Begehung, wissentliche **55** 70

Begehungsort 57 74; Ausland **55** 80, 132, 149; Fragestellung **51** 138; Inland **48** 42, 43

Begehungszeit, Fragestellung **51** 138

Beginn der Ausführung, s. Ausführung

Beglaubigungsvermerk 51 36

Beglaubigungsversuch 60 74

Begnadigung, bedingte **57** 205

Begnadigungsrecht 55 118, **58** 124

Begründung eines Beschlusses 56 183, 57 24; Urteile 59 139; Uebereinstimmung mit dem Tenor 47 32
Begünstigung 46 20, 48 33, 49 115, 52 103, 53 51, 96, 162, 187, 54 25, 44, 59, 159, 175, 56 2, 108, 57 14, 44, 121, 153, 155, 177, 180, 58 7, 63, 74, 137, 60 43, 94; Anstiftung 120; Anstiftung durch den Haupttäter 50 124; bedingter Vorsatz 55 70; Beistandsleistung 55 96; Fahnenflucht 50 36; Gläubiger 48 6; hehlerische 58 154; Irrtum über die Vortat 50 64; sachliche 58 56; Strafaufhebungsgrund bei Schleichhandel 55 153; Veränderung des rechtlichen Gesichtspunkts 55 41; Tateinheit mit Hehlerei 47 68; Urteil 55 9; Wissentlichkeit 55 70
Behältnis 55 113; Diebstahl 54 144; Erbrechen 51 42
Behandlung, grausame von Kindern 49 117; pflegliche 50 105
Behaupten 59 135, 60 130
Behauptung durch Stillschweigen 45 93
Behörden, Beleidigung von 47 17; französische 60 111; Konsistorium 56 111; Nötigung 46 31; öffentliche 57 166; vorgesetzte, Strafantrag 46 57
Beibringung, Abtreibungsmittel 52 106; Gift 59 1
Beihilfe, Abtreibungsversuch 52 90, 56 87; Abtreibung 57 38, 139, 60 11; Amtsanmaßung 55 148; Anzeigepflichtverletzung bei Wareneinfuhr 51 75; Bankerott 45 21; Begriff 58 55; Begünstigung 57 155, 58 7; Diebstahl 49 115, 52 103, 53 83, 56 11; Fahnenflucht 46 56, 50 36, 64; Fahrlässigkeitsdelikt 51 15; Fragestellung 54 67; Gesetzeskonkurrenz mit Anstiftung 47 115; zum gewerbsmäßigen Glückspiel 45 59, 49 107; Konterbande 50 110; Malzhandel, verbotener 51 90; Münzverbrechen 59 29; Nichterfüllung von Heereslieferungen 50 27, 100; Preissteigerung 52 3; Raub mit Todesfolge 56 184; Schleichhandel 57 12; schwerer Diebstahl 46 81, 52 62; schwerer Hausfriedensbruch u. Diebstahl 47 6; Steuerhinterziehung 57 83, 58 8, 60 4; Straflosigkeit 55 59, 96; Strafrahmen 51 41; Tabaksteuerhinterziehung 56 136; Uebertretung von Verwaltungsanordnungen 51 54; Unterlassungsdelikt 51 15, 53 167; Unterschlagung 56 164, 57 23; Urkundenfälschung und Betrug 47 111; Verhältnis zur Mittäterschaft 48 60; Verrat von Betriebsgeheimnissen 57 11; Zigarettensteuerhinter-

ziehung **54** 169; Zusammentreffen mit Anstiftung **53** 103
Beischlaf, Verführung **53** 63
Beiseiteschaffen **50** 122, 123, **54** 54, **56** 62, **57** 7; amtlich übergebener Sachen **50** 134; amtlicher Urkunden **58** 154; herauszugebender Sachen **46** 40; Urkunden **59** 64
Beisitzer, schwurgerichtlicher **60** 85
Beistand **58** 5; notwendige Verteidigung **52** 89; als Zeuge **59** 111
Beistandleisten **57** 121; Begünstigung **54** 25
Beitragsmarken, Urkundenfälschung **48** 84
Bekanntmachung, Art der Veröffentlichung **50** 80; Form **49** 1, 79, 88; Urteil **57** 67; Verwaltungsanordnung **51** 54, 91
Belagerungszustand **49** 1, 25, 29, 32, 42, 69, 75, 79, 80, 88, 96, 112, 125, **50** 13, 40, **54** 82, **55** 67, **57** 48; Konterbande **52** 156
Belege **58** 112; unrichtige **60** 30
Belehrungspflicht des Vorsitzenden **48** 75
Beleidigung **45** 28, **46** 61, **54** 140, 153, **55** 73, **56** 51, 186 **57** 84, 101, 221, **59** 63, 69, **60** 36, 117; Beamter **46** 43; einer Behörde **46** 31; Behörden und politischen Körperschaften **47** 17; fortgesetztes Vergehen **47** 124; militärischer Vorgesetzter **59** 105; früherer militärischer Vorgesetzter **49** 108; des Gerichts **47** 51; öffentliche **46** 19; Offizierskorps **52** 77; Personenmehrheit **52** 77; Niederschlagung des Verfahrens **52** 141; Strafantrag **50** 104; Tateinheit mit Erpressung **51** 52; üble Nachrede **50** 104, **59** 134; Tateinheit mit Urk.-Fälschung **50** 14; durch unzüchtige Handlungen **45** 84, **46** 80, **47** 120, **51** 23; verleumderische **48** 120; Vollendung **48** 20; Wahrung berechtigter Interessen **50** 14, 104; von Zeugen **59** 59; Zusammentreffen mit falscher Anschuldigung **52** 40
Belgien s. Auslieferung
Beratung des Urteils **46** 101
Berechtigtes Interesse **46** 43, 61, **47** 51, **48** 120, **50** 14, 104, **58** 18, **59** 134, **60** 117
Berichterstatter **45** 61, 87
Berichtigung, Protokoll **56** 12; Steuererklärung **45** 98, **49** 15, 48, 49, 50, 109, **59** 41; Urteil **56** 113
Berichtigungsanspruch **45** 110
Berichtigungsverfahren, schwurgerichtliches **45** 27, **46** 49, 58, 93, **47** 58, **48** 124, **53** 47, 76, 122, **54** 80, 81, 152, 157, **56** 10, 16, **57** 13, 139, 149
Berufsgeheimnis **57** 34; ärztliches **48** 81
Berufsgenossenschaft, Unfallverhütungsvorschriften **52** 22

Berufspflicht 50 76; Körperverletzung **52** 22, **59** 90, 112
Berufung 59 93, **60** 97, 115, 124, 125
Berufungsgericht, Beweisaufnahme **58** 170
Berufungsinstanz 45 87, **48** 91
Berufungskammer, Verweisung **50** 45
Berufungssache, Verbindung **55** 114
Berufungsurteil 51 82, 86, **59** 139
Berufungsverfahren 56 182, fortgesetztes Verbrechen **47** 102
Beschimpfender Unfug 48 29
Beschimpfung 57 108, 175; eines religiösen Gebrauchs **45** 5; Religionsgesellschaft **46** 97
Beschlagnahme 50 72, **51** 37, 71, 78, 80, 94, **53** 6, 11, 20, 161, **54** 31, 60, 68, 114, **55** 154, **58** 92, 160; Briefe **47** 61, **50** 72; pflegliche Behandlung von beschlagnahmten Sachen **50** 105; Getreide **49** 74, 126; Häute **49** 96; Konterbande **50** 53; Metall **50** 135; polizeiliche **52** 56
Beschlagnahmebruch 51 107, 108, 128
Beschluß, Förmlichkeit bei Abtrennung **52** 67; Zurücknahme **59** 136
Beschwerde 58 95
Beschwerdeinteresse 49 10
Beschwerderecht 59 105; Reichswehrangehörige **58** 129
Beseitigung einer Kennzeichnung **45** 6, 83
Besetztes Gebiet 56 94, 104, 145, **59** 102; Ausfuhrverbot **52** 144; Vereinszollgesetz **55** 163
Besetzung 59 22; des Gerichts **45** 61, 87; Jugendgericht **59** 153; vorschriftsmäßige **60** 29
Besitz 56 60, **58** 107, Diebstahl **50** 11 52; Erwerb **52** 104, **59** 110; Gewahrsam **47** 66; Konstitut **54** 78; Mitbesitz **47** 94; Steuer **52** 177, **54** 6, 29, 32; unerlaubter, Süßstoff **49** 104; Verheimlichen **47** 76; vorübergehender **47** 44
Besonders schwerer Fall 59 72, **60** 47
Besserungsanstalt, Unterbringung von Jugendlichen **53** 100
Bestechung 47 61, **48** 15, **49** 53, **50** 79, **51** 106, **52** 119, 180, **54** 97, 154, **56** 26, 177, 180, 193, **57** 19, 85, 116, 173, 186, **58** 30, 76, 90, 118, 124; Amtshandlung **55** 27; Angestellte **58** 190; militärische **59** 78, Postbeamte **47** 20; unl. Wettbewerb **48** 46, 90; Zusammentreffen mit Anstiftung **55** 98
Bestellen, unl. Wettbewerb **48** 87
Bestellung, verbotener Hausierhandel **50** 55

Bestellvermerk, öffentliche Urkunde **53** 123
Bestimmung zu unzüchtigem Gebrauch **57** 92, 157
Betäubungsmittel 56 43, **58** 47, **59** 55
Beteiligte als Zeugen **46** 24
Betrieb, geschäftlicher **49** 53; unl. Wettbewerb **55** 17
Betriebsgeheimnis 57 10, 11; unl. Wettbewerb **45** 60, **51** 67
Betriebsleiter, Haftung **48** 96, **51** 55; Sorgfaltspflicht **57** 76
Betrug 46 53, 72, 104, **47** 45, **49** 5, 6, 121, **54** 2, 23, 98, 99, 102, 138, **55** 20, 32, **56** 5, 30, 112, **57** 103, 189, 202, **58** 15, 65, 83, 88, 101, 160, **59** 38, 44, 120, **60** 41, 60, 78, 101, 110, 148; Abgrenzung von Versuch und Vollendung **45** 41; Abtreibungsmittel **47** 19; Anfang der Ausführung **51** 118; Erbscheinserschleichung **53** 146; Erschleichen von Familienunterstützung **51** 118; falsche Vorratsangabe **51** 11; Fälschung der Speisekarte **52** 88; fortgesetzter **47** 92, **51** 138; Gutscheine, Mißbrauch von **50** 78; Lebensmittelkarten **52** 75; Mittäterschaft **51** 119; Nichteinhaltung von Lieferungsverträgen **51** 113; Notbetrug **48** 16; Portohinterziehung **51** 87; Rückfallsverjährung **50** 73; Rücktritt vom Versuch **47** 111, **51** 72; Schutz einer Anwartschaft **51** 72; Täuschung des Richters **50** 23; Überseeversicherung **48** 52; Unfallversicherungsgesellschaft **46** 121; unwirksamer Vertrag **48** 28; Vermögensbeschädigung **52** 65, **53** 124, 183; durch Verschweigen der Unfallheilung **46** 117; Versuch **50** 9, **53** 84, **58** 136, 140; Versuch und Vollendung **52** 79; Vormund **45** 111; bedingter Vorsatz **55** 145; Wechselgeld **52** 79; Zusammentreffen mit Höchstpreisüberschreitung **50** 112; mit Stempelhinterziehung **47** 2; mit Untreue **48** 89; mit Urkundenfälschung **51** 3; mit Wechselfälschung **51** 61
Betrug s. auch Notbetrug
Beute machen 49 52
Beurlaubung, Hilfsgeschworene **55** 140
Beurkundung, falsche **55** 160, **49** 8; Standesbeamter **50** 126
Bevollmächtigter 45 111, **46** 4; Haftung für Handlungen eines **49** 39; Untreue **47** 32, **56** 52
Beweggrund 60 86; Verhältnis zur Absicht **50** 14
Beweis 60 124; mittelbarer **48** 74
Beweisanregung 49 110
Beweisanträge, Ablehnung **46** 75, 105, **47** 29, **48** 27, **49** 10, 19, 110, **51** 2, 8, 16, 25, 47, **54** 75, 93, 111, **56**

70, 73, **57** 72, 131, 165, 214, **58** 37, **59** 137; bedingte **55** 63; gemeinschaftliche **58** 68; Unterstellen der Richtigkeit **51** 2
Beweisaufnahme **45** 28, 102, **47** 96, **49** 19, **55** 12, 53; Anträge **58** 144; vor dem Berufungsgericht **58** 144; Geständnis **54** 57; Umfang **54** 123
Beweiserheblichkeit, Frachtbrief **52** 98; Privaturkundenfälschung **52** 88, 98; Protesturkunde **55** 146, 151; Strafanzeige **53** 150; Urlaubsgesuch **52** 166
Beweiserhebung **56** 53, 54, **57** 138, **59** 100; abwesender Angeklagter **60** 66; Verzicht **47** 130
Beweiskraft **57** 206, **58** 28, **60** 44; Sitzungsprotokoll **46** 33, **53** 130
Beweislast **58** 138, **60** 7; Täuschung des Gerichts **50** 23
Beweismittel **49** 46, 91, **56** 54, **59** 15; Ablehnung **46** 75, 105; Brief **47** 61; herbeigeschaffte **55** 5; neue **52** 131, **57** 81, **60** 42; Photographien **47** 73; polizeiliches Protokoll **54** 8
Beweisvermutung **47** 5
Beweiswürdigung, freie **58** 142, **59** 57; unerlaubte Vorwegnahme **51** 2, 47; Zeugnisverweigerung **55** 10
Bewohntes Gebäude, schwerer Diebstahl **55** 25
Bewußtlosigkeit **60** 15
Bewußtsein der Rechtswidrigkeit **56** 87
Bezeichnung, Strafgesetz im Urteil **51** 12
Bezugschein **50** 92, **57** 37
Bier, Kettenhandel **51** 104
Bierähnliches Getränk **46** 1
Bierfärbemittel **47** 85
Bierlieferungssperre **59** 25
Bigamie, s. Doppelehe
Bilanz **45** 2, 54; Beweismittel **49** 46, 110; G. m. b. H. **46** 28; Stichtag **58** 87; unordentliche Aufstellung **50** 34, 41; Unterlassung der Konkursanmeldung **51** 9
Bildwerk **45** 55, **46** 16
Bindung an frühere Urteile **59** 13, 87; des Richters **56** 56, 190; Steuerbescheid **52** 26
Binnenausfuhrverbot **52** 59
Bischof **47** 12
Bittgang, kirchlicher **46** 8
Blankettfälschung **48** 103, **51** 11, 61, **57** 37; s. a. Urkundenfälschung
Blankettgesetz **46** 110, **49** 125; Gesetzesänderung **47** 28, 30; Vorsatz u. Fahrlässigkeit **52** 52
Blankoabtretung von Kuxen **46** 41
Blutschande **47** 59, **57** 70, **60** 81
Bodensee **57** 188
Bordellbetrieb **45** 22, **46** 67
Börse, Aufsicht der Handelskammer **52** 100
Boshafte Behandlung **58** 155

Böswilligkeit 48 50
Bote, expresser **47** 72, 95
Boykott 47 1; s. a. Warensperre; s. Verrufserklärung
Brandstiftung 49 32, **52** 127, **56** 48, **57** 151, **60** 34, 52, 54; betrügerische **48** 52; fahrlässige **54** 1
Branntwein 48 41; Absatzbeschränkung **52** 52; Aufschlag **52** 172; Bestandsanzeige **52** 52; Freigeldhinterziehung **55** 95; Monopol **55** 84, 130, **56** 23, 35, 117, 152, 194, **57** 4, 185, **58** 14, **60** 48, 78, 80, 136, 137; Preissteigerung **52** 4; Steuerhinterziehung **45** 8, 81, **47** 27, **50** 19, **55** 72, 95
Brausteuer 47 85
Brennvorrichtung 56 23
Brief 45 4, 39; Austauschstelle **58** 139; Beleidigung **48** 20; Beförderung **46** 9; Beschlagnahme **47** 61, **50** 72; Geheimnis **54** 104; Portohinterziehung **51** 87; Umschlag **54** 144; Unterdrückung **47** 20, **50** 62; Unterschlagung **49** 28, 34; Verteilungsstelle **60** 149
Briefmarkenhandel, Urkundenfälschung **59** 16
Brieftauben 48 113
Brotgetreide, Höchstpreis **49** 22 74, 97, 116, 126, 133, **50** 123
Bruch des amtlichen Gewahrsams **58** 154
Bücherrevisor 45 92
Buchführung, unordentliche **47** 93, **48** 95, 119, **49** 66, 77, 95
Buchmacher 60 20
Buchung, unrichtige **60** 6
Büffet 47 14
Bundesrat, Gesetzesauslegung **47** 85; Zuständigkeit **50** 12, 123, **59** 50, 85
Bürgerliche Gerichte, Konkurrenz mit Militärgerichten **50** 72, 120; Verhältnis zu Kriegsgerichten **49** 32
Bürgermeister, Mißbrauch der Polizeigewalt **49** 100; Strafantragsrecht **59** 46; Vertreter **57** 73
Buße 48 99, **52** 47, **59** 37, **60** 7; rechtliche Natur **53** 111; Warenzeichenverletzung **52** 44
Bußeanspruch 55 103.

C.

Chiffreannoncen 58 173.

D.

Darlehen 60 75
Darstellung, unwahre **45** 48, **49** 63; unzüchtige **48** 65; s. Unzucht
Dauergefahr 60 112
Dauerkarten 58 83
Dauervergehen 56 140, **58** 7; Fahnenflucht **49** 76; Steuerdelikt **59** 20, 95
Defraudation 45 76, **54** 71, **60** 65
Deklaration, Zollhinterziehung **50** 30

Delkredere 51 56
Demobilmachung 57 48
Depositengeschäft 57 184
Depotverletzung 46 41, **47** 10
Dessertwein 48 34, **49** 83, 84, **50** 15
Detektiv 59 96
Deutsch-Oesterreichisches Zollkartell 52 105, **53** 112, 143
Deutsch-russischer Friedensvertrag 52 122
Diebsgut, Hehlerei nach Verarbeitung **55** 26
Diebstahl 45 46, 58, **52** 27, **53** 108, **54** 20, 34, 71, 104, 113, 115, 121, **55** 58, 105, **56** 11, 26, 60, **57** 87, 103, 105 172, **58** 23, 107, **60** 93, 94; alsbaldiger Verbrauch **52** 128; Bandendiebstahl **47** 105, **52** 107; Baubude **53** 151; Begünstigung **53** 96; Begünstigung eines Versuchs **53** 83, 162; Beihilfe **52** 103, **53** 83; Beihilfe durch Unterlassen **53** 167; Brotmarken **51** 38, 109; Einbrechen **50** 16, **55** 76, 83, 113; Einbruch und Nachschlüsseldiebstahl **55** 127; Einschleichen **55** 91; Einsteigen **53** 93, **59** 62; Einverständnis des Gewahrsaminhabers **53** 186; Einwirkung auf Beschlagnahme **53** 11; Eisenbahn **48** 86; Erbrechen von Behältnissen **51** 42, **53** 147; Erzieher **46** 92; Futterdiebstahl **47** 79, 80; Gebäude **49** 12; Gebrauchsanmaßung **52** 167; Geisteskranker **52** 99; Gewahrsam **50** 11, **52** 69; Gutscheinvordruck **50** 78; Hausmüllentwendung **48** 37; Haustiere **50** 52; Gegenstand hauswirtschaftlichen Verbrauchs **47** 23; Kirchendiebstahl **53** 74; Lebensmittelkarten **52** 155; militärischer **54** 14; mittelbare Täterschaft **47** 43, **48** 18; Mundraub **47** 42, **51** 20, 24; Nachschlüssel **47** 99, **52** 46, 168, **53** 45; Notwehr gegen **55** 44; Postanweisung **49** 121; Postgebäude **49** 78; räuberischer **60** 138; Rückfall **54** 28, 74, 133; Rücktritt **55** 36; schwerer **46** 81, 113, **47** 6, **54** 11, 21, 26, 83, 84, 95, 106, 129, 144, 161, 165, 167, **55** 23, 25, **56** 20, 44, 49, **60** 132; Sparkassenbuch **49** 121; Tod des Eigentümers **47** 66; Veränderung des rechtlichen Gesichtspunkts **55** 41; Verhältnis zum Hausfriedensbruch **53** 159; Verhältnis zum Mundraub **50** 125; Verhältnis zur Plünderung **50** 7; Versuch **51** 48, **53** 62, 108, 119, 162, **54** 21, 26, 76, 165, 167, **55** 105, 137; Vollendung **52** 41, 103, **54** 20; Vorbereitung **55** 105; Waffenführung **55** 8; wahlweise Feststellung **55** 127; wahlweise Feststellung neben Hehlerei **53** 129; Wegnahme **53** 97, 106; Zueignungsabsicht, rechtswidrige **49** 36,

52 71, 167, **55** 98; Zusammentreffen mit Betrug und Urkundenfälschung **51** 3; Zusammentreffen von Einbruch und Einsteigen **55** 76; Zusammentreffen von Erschwerungsgründen **53** 44; Zusammentreffen mit Mundraub **53** 108
Diebstahl s. a. Einbruchdiebstahl, Einsteigdiebstahl; Mundraub, Nachschlüsseldiebstahl
Dienstausübung 57 212; unrechtmäßige **60** 118
Dienstbefehl 56 101
Dienstbote, Arbeitszeit **47** 24
Dienstbrief 58 4, **59** 6
Dienstgewalt, Mißbrauch **59** 11
Dienstherr, Verführung **53** 63
Dienstlich anvertraute Sache **59** 11
Dienstpflicht, militärische **56** 177, **57** 102, 213
Dienstpflichtverletzung 48 15
Dienstvergehen, falscher Bericht eines Offiziers **52** 166; Fahrkartenverkäufer **52** 79
Dienstvertrag, Betrug **54** 23
Diktatur 56 132, **59** 68
Disziplinarbestrafung, militärische **58** 128
Dolmetscher 45 71; Verlesung von Uebersetzungen **51** 36
Dolus eventualis, s. Eventualvorsatz, Vorsatz bedingter
Doppelbestrafung 49 54, 75, 106, 107, 108
Doppelehe 55 157, **57** 142
Drohung 46 31, **54** 109, **56** 19, **60** 118; widerrechtliche **47** 1
Druckfehler, Berichtigung **51** 53
Druckschriften, Anschlag **59** 56; verbotene Verbreitung **50** 25; Verbot **57** 68, 126
Durchfuhr 50 90; Süßstoff **49** 104; Verbot **52** 49
Durchschnittspreis 54 126
Durchschrift, unbewußte, Urk.-Fälschung **50** 50
Durchsuchung 58 92, **60** 118; Amtsmißbrauch **53** 147, 161; Rechtshilfeverweigerung **52** 14; Rechtmäßigkeit **55** 87

E.

Ehe, nichtige **56** 202, **60** 81
Ehebruch 58 169
Eheerschleichung 47 84
Ehefrau, Arbeit im Geschäft des Mannes **52** 145
Ehegattendiebstahl 54 135
Eheliche Mutter, Nebenklageberechtigung **53** 116
Ehescheidungsverfahren 59 65
Ehrengerichtliches Verfahren, Ablehnung **52** 152
Ehrenrechtsverlust 57 159, **60** 50
Ehrenstrafe 54 8
Eichstempel 56 172
Eid, Beamter **55** 30; Berufung auf **49** 68; richterlicher **59** 109, **60** 35; Mennoniten **46** 40, **52** 33; Sachverständiger **55** 100
Eidesabnahme 45 71
Eidesbelehrung 54 146

Eidesfähigkeit 56 53
Eidesformel 46 40
Eidesstattliche Versicherung 45 70, **47** 9, **58** 71, **59** 65; Begriff **49** 11; Fälschung **52** 40; in Konkurssachen **49** 21; als Strafanzeigenbeilage **47** 47; Unzulässigkeit **57** 29; Zuständigkeit zur Annahme **50** 54
Eidesunfähigkeit 60 98
Eidesverletzung, fahrlässige **49** 92
Eidesverweigerungsrecht 59 31; Belehrung **46** 34
Eigentum, an Postgebäuden **49** 78; Übergang bei Konfiskation **49** 33, 57
Eigentümergrundschuld 45 110, **60** 32
Eigentumserwerb 54 78; Wechsel **52** 24
Eigentumsübergang, Einziehung **53** 175; Verarbeitung gestohlener Sachen **53** 88
Eigentumsübertragung 46 104
Eigentumswechsel, polizeiliche Anordnung bei Viehseuchen **47** 54
Einbruchdiebstahl 49 12, 78, **51** 42, 48, **52** 103, **54** 26, **56** 20, **60** 132; Begriff **55** 83, 113; umschlossener Raum **50** 16; Zusammentreffen mit Einsteigen **55** 76; Zusammentreffen mit Nachschlüsseldiebstahl **55** 127
Einfriedigung 48 62
Einfuhr 52 4, 16, 61; Bewilligung **54** 52, **56** 65, 95; Süßstoff **46** 109
Einfuhrschein 46 53
Einfuhrverbot 52 60, 132, **55** 74, **56** 18, 37, 71, 74, 95, **57** 33; Branntwein **59** 61; Fleisch **48** 3, **49** 33; Süßstoff **49** 55, 104
Einheitsstrafe 54 79
Einheitstat 52 118, **57** 155
Einkaufskommission 50 136, **60** 148
Einkommensteuer 45 12, 22, 98, **46** 67, **47** 109, 110, **48** 116, **49** 15, 46, 48, 50, 109, **50** 19, 48, **52** 26, 97, **53** 141, **54** 29, **58** 87, **59** 35; von Bezugsrechten **58** 184
Einlagen bei G. m. b. H. **48** 47
Einlaufsvermerk, Grundbuch **48** 121
Einleitung einer Untersuchung **45** 98, **59** 41
Einrede, Wechselfälschung **51** 61
Einrichtung, Glücksspiel **56** 124; religiöse **47** 40
Einsammeln von Briefen **45** 39
Einsatz, versteckter **60** 51
Einschleichdiebstahl 55 91; Zusammentreffen mit Hausfriedensbruch **53** 159
Einsicht zur Erkenntnis der Strafbarkeit **47** 120; Strafausschließungsgrund **53** 73; Taubstummer **53** 191
Einstandspreis 57 22, **58** 122
Einsteigdiebstahl 52 62, **53** 93, **55** 23, 76, **56** 20, 49, **59** 62; Versuch **51** 48
Einstellung des Verfahrens **46** 61, **49** 65 130, **52** 20, 105,

136, **54** 9, 168, **55** 65; Aufhebung **50** 53; Beschluß **56** 169; Rechtskraft **48** 29, **50** 128; Rechtswirkung **50** 132, 133; Strafklageverbrauch **51** 82, 123; Verjährung **53** 157
Eintragung ins Handelsregister **49** 92, 95
Einwilligung, Beleidigter **51** 23
Einzelhandlung, Wegfall beim fortgesetzten Delikt **53** 118
Einzelstrafe, Festsetzung bei der Gesamtstrafenbildung **52** 70
Einziehung **45** 6, 83, **46** 24, 37, 119, **48** 9, 65, **49** 33, 44, 55, 57, 67, 83, 113, **51** 69, 78, 110, **52** 25, 61, 102, 115, 138, 147, 157, 169, 175, **54** 7, 27, 30, 46, 60, 69, 79, 97, 101, **55** 6, 22, 154, **56** 37, 156, 185, **57** 3, 63, 93, 129, 170, 179, 223, **58** 24, **59** 84; Anordnung durch das Revisionsgericht **53** 138; Beteiligte **53** 59, 60, 182; Einfluß von Irrtum **53** 179; härteste Strafe **53** 17; Jagdgerät **53** 98; Nebenstrafe **53** 59, 175; Niederschlagung **53** 37, 39, 54, 59, 175; trotz Niederschlagung des Verfahrens **50** 132, 133; objektives Verfahren **53** 98; Preistreiberei **53** 16, 43, 54, 138, 179; Verfahren **48** 27; Verhältnis zur Konfiskation **49** 33; Vorbehalt für ein besonderes Verfahren **53** 43; Zigaretten **50** 82
Eisenbahn, teilweise Zerstörung **55** 90
Eisenbahnbeamter, Amtsunterschlagung **52** 79; fahrlässige Tötung **51** 22; Streik **59** 52; Transportgefährdung **51** 22
Eisenbahnbetrieb, Transportgefährdung **51** 29
Eisenbahndiebstahl **48** 86
Eisenbahnfahrkarte, Amtsunterschlagung **52** 79; Fälschung **59** 121
Eisenbahnfrachtbrief, Urkundenfälschung **52** 98
Eisenbahnhauptkasse, **57** 166
Eisenbahntransportgefährdung **53** 66, 115
Eisenbahnwagen, Verschiebung als Diebstahl **53** 186
Elektrische Kraft, Entwendung **45** 52, **47** 101
Elektrischer Stromzähler, Urkundenfälschung **50** 56
Eltern, Entziehung aus deren Gewalt **48** 98; Mißbrauch der elterl. Gewalt **46** 42; Pflichten **45** 104; Züchtigungsrecht **49** 117
Empfänger, Haftung für Zollvergehen **50** 46
England, Warenausfuhrverbot **52** 146; Zahlungsverbot **49** 69, 82, **53** 134
Entbindungsantrag, Verteidiger **54** 94
Enteignung **52** 164
Enteignungsanspruch, Niederschlagung des Verfahrens **50** 132, 133
Entfernung, Angeklagter **52** 37

Entführung 58 131; von Kindern **48** 56, 126
Entlassung von Zeugen **46** 53; aus dem Heeresverband **50** 120, **55** 28
Entleiher, Hehlerei **51** 66
Entschädigung unschuldig erlittener Untersuchungshaft **53** 194
Entscheidung, gerichtliche **55** 5, 22, 34, 54; Zustellung **56** 174
Entscheidungsgründe 57 24; keine Rechtskraft **46** 119
Entweichen, Förderung bei Kriegsgefangenen **52** 113
Entwendung von Hausmull **48** 37; s. auch Diebstahl
Entziehung der elterlichen Gewalt **48** 98; eines Minderjährigen aus einer Anstalt **46** 7
Erbeinschleichung 53 146
Erbenhaftung 45 12; für Steuerhinterziehung **47** 3
Erbieten, Schleichhandel **55** 11; zum Verbrechen **52** 127;
Erbrechen, Diebstahl **51** 42. **53** 147; von Behältnissen **54** 144, **60** 132
Erfindung, Wert **49** 6
Erfindungsgedanke 49 54, 61
Erfolg, Vorhersehbarkeit bei Fahrlässigkeit **50** 140
Erfolgsdelikt 45 48, **57** 101 **59** 124
Erfüllungsgeschäft 57 51
Ergänzung, Wahlspruch der Geschworenen **46** 49, 56, 93
Ergänzungsgeschworener 51 46
Ergänzungsrichter 59 8
Ergreifung auf frischer Tat **58** 73, 105, **59** 18, **60**, 31
Erkennungsversuch 60 66
Erkundigungspflicht 53 3, **56** 165; in Steuersachen **57** 168; Irrtum **52** 171, 172, 173
Erlangung, Hehlerei **52** 50, **53** 15, **55** 78
Ermächtigungsgesetz 58 58
Ermessen, freies, Ablehnung von Sachverständigenbeweisen **52** 32
Ermittlung, staatsanwaltschaftliche **60** 87, unauffindbare Zeugen **52** 23
Ernennung, Rückwirkung **60** 12
Erneuerung der Anklage, s. Anklage
Ernstlichkeit, Mangel an **60** 62
Eröffnungsbeschluß 45 87, **46** 18, **47** 5, **50** 119, 128 **55** 65, 85, 101, 136, **57** 5; Aufhebung **45** 61; Erfordernisse bei Jugendlichen **53** 100
Eröffnungsbilanz 45 2
Erpressung 49 108, **51** 52, **53** 161, **54** 66, **55** 2, **56** 88, 125; im Amt **56** 203; räuberische **55** 135, **56** 163, **60** 94
Ersatzfreiheitsstrafe, Höchstbetrag **54** 56
Ersatzgefängnisstrafe 58 172
Ersatzgeschworener 57 36

Ersatzstrafe 59 9
Ersatzzustellung 49 37
Erschöpfende Behandlung, Strafurteil **53** 112
Ersuchter Richter, Rechtshilfeverweigerung **52** 14; Zeugenbeeidigung **57** 217
Erwerb, Schleichhandel **55** 79, **58** 44; unsittlicher **57** 32
Erwerbslosenunterstützung, Betrug **54** 98
Erwerbszweck 48 39
Erzeugnis von Grund und Boden **45** 46
Erzieher 57 199; Strafantrag **46** 92
Erziehungsanstalt, Unterbringung von Jugendlichen **53** 100
Erziehungseltern, Kuppelei **46** 42
Erziehungsmaßnahmen 60 22
Erziehungsrecht, geistlicher Religionslehrer **52** 39
Evangelische Kirche, in Sachsen **57** 17
Eventualdolus 54 16; Begünstigung **53** 187, **55** 70; Betrug **51** 72, **55** 145; schwerer Diebstahl **52** 46; Sittlichkeitsvergehen **51** 62 s. a. Vorsatz bedingter
Expresser Bote 47 72, 95
Exterritorialität 52 80

F.

Fabriknummer 58 9
Fahnenflucht 46 56, **49** 76, **56** 79; Begünstigung **50** 64; Landsturmmann **50** 36
Fahrlässigkeit 45 99, **52** 52, 171, 172, 173, **55** 50, **56** 14, 142, 165, 168, **57** 90, **58** 13, 64, **59** 67, 95, 107, **60** 15, 121; Beihilfe **51** 15; entschuldbarer Irrtum **51** 35, 107, 120; Fortsetzungszusammenhang **53** 125; Gefangenenbefreiung **54** 124; Hehlerei **55** 111, 120; Höchstpreisüberschreitung **50** 3; Nichterfüllung von Heereslieferungsverträgen **50** 26; Preistreiberei **54** 46; Verbotsübertretung **51** 80; Waffengebrauch **50** 140; Zusammentreffen mit Vorsatz **48** 76, 97
Fahrlässige Körperverletzung 50 76, **52** 22, **59** 90
Fahrlässige Tötung 51 22, 49, **53** 72, **57** 76; Gesundbeten **50** 10; Waffengebrauch **50** 140
Fahrschein, Wiederverwendung nach Benützung **55** 86
Falschbeurkundung 56 188, **57** 31, **58** 34, **60** 56, 74, 76; Erwirkung **60** 44; mittelbare **55** 160; Standesbeamter **50** 126
Falsche Anschuldigung 46 23, **47** 12, **52** 40, **53** 11, 111, **58** 109
Falsche Belehrung, Wiedereinsetzungsgrund **53** 185
Falsche Namensangabe 48 51
Falscher Schlüssel 47 99
Falscheid, fahrlässiger **45** 31, **46** 40, **49** 92, **57** 77, 117, **58** 89, **59** 109, **60** 1, 27,

59, 143; Berichtigungsverfahren 53 76
Falschmünzerei 55 161, 58 159, s. a Münzdelikt
Fälschung, Blankett **51** 11, 61; Kontobuch **51** 3
Fälschung einer Urkunde, s. Urkundenfälschung
Familienname 60 76
Farbstoff, Nahrungsmittelfälschung 48 105
Farbstoffzusatz 47 35, 89
Fassion, Steuervergehen **50** 19
Feigen, Gegenstand des tägl. Bedarfs **50** 18
Feilhalten 46 16
Feinkost 58 150
Felddiebstahl 54 81, 58 21
Feld- u. Forstgrundstück 48 62
Feldfrevel 45 46
Feldkriegsgericht 56 121
Feldpolizeiübertretung 54 62, 113
Ferienstrafkammer 56 75
Fesselung 54 91
Festnahme, Begriff 59 40; vorläufige 56 171, 57 43
Festsetzung von Steuern 59 129
Feststellung, gehäufte 59 128; im Urteil 57 89; wahlweise 51 66, 71, 53 129, 56 15, 27, 57 91, 59 79
Festungsgouverneur 50 80; vollziehende Gewalt 49 1, 42, 79
Film, Unzüchtigkeit 55 155, 47 127
Finanzbeamter 58 36
Firma, Konkurseröffnung 49 95
Firmenname 49 95
Fischkasten, Einbruchdiebstahl 50 16
Fischkonserven 59 66
Fleisch, Einfuhrverbot 48 3; Nachuntersuchung 48 79; Zubereitung nach dem Fleischbeschaugesetz 55 35
Fleischausfuhrverbot 52 55
Fleischbeschaugesetz, Verhältnis zum Vereinszollgesetz 49 33
Fleischeinfuhr, Anzeigepflicht 51 15
Fleischversorgung 57 204
Fluchtbeförderung 52 113
Flugblätterverteilung 52 36
Fordern 58 57, 59 27
Forderungen, bestrittene 60 19
Form, Revisionsbegründung 53 82; Wiedereinsetzungsgesuch 53 164; dienliche (Münzvergehen) 55 24, 161; künstlerische 56 90
Formaldelikt, Verschulden 49 18, 39
Forstbeamter 48 51
Forstdiebstahl 48 51
Forstpolizeiübertretung **54** 62, 113
Forstwiderstand 54 38, 90, 57 43
Fortbildungsschule 45 1
Fortführung untersagter Gewerbebetriebe 50 85
Fortgesetzte Handlung 45 16, 111, 46 5, 47 63, 48 60, 49 17, 22, 46, 76, 107, 128,

51 31, 64, 80, 85, 86, 138, 52 79, 136, 53 99, 122, 142, 156, 168, 193, 55 17, 73, 56 24, 44, 57, 146, 157, 159, 57 15, 24, 44, 46, 70, 84, 99, 154, 180, 187, 204, 58 11, 88, 93, 107, 59 20, 60, 87; 60 76; Abtreibung 59 36, 138; Amnestie 54 157; Beihilfe 54 67; Begriff 51 64, 80, 107; Fragestellung 47 102; Höchstpreisüberschreitung 50 21; Kettenhandel 54 31; Konterbande 54 27; Preissteigerung 50 117; Rückfallverjährung 50 73; Strafantrag 47 124; Steuervergehen 50 19; Zeit der Vollendung 50 73; Steuerhinterziehung 59 95; Strafklageverbrauch 54 137, 168

Fortkommen, besseres, Urk.-Fälschung 52 93, 108, 58 34

Fortschaffen, Beihilfe zum Diebstahl 52 103

Frachtbrief, Urkundenfälschung 46 78, 52 98

Frachtbriefduplikat 51 101, 60 68

Frachtfuhrmann, 57 179

Frachtgut, amtliche Aufbewahrung 51 136

Fragestellung an Zeugen 45 103; schwurgerichtliche 45 27, 51 44, 74, 138, 54 10, 17, 18, 19, 67, 100, 130, 160, 55 42, 55, 68, 109, 112, 158, 56 10, 55, 79, 107, 108, 162, 163, 175, 181, 57 24, 162; des Verteidigers 48 75

Frankreich, Zahlungsverbot 49 94, 132

Französisches Recht, Zeugenvernehmung 46 13

Freibleibendes Angebot, Preissteigerung 50 17, 51

Freie Meinungsäußerung 56 186, 59 56

Freies Ermessen, Einziehung 51 69; Sachverständigenvernehmung 51 16

Freigeld 56 35, 117; für Branntwein 57 4

Freihafen 56 49

Freiheitsberaubung 54 170, 59 96

Freiheitsstrafe, Umwandlung 45 79

Freisprechung 50 119; Gesetzesänderung 51 19; Kostenpflicht 49 14; Kostenpflicht des Nebenklägers 53 172; ohne Hauptverhandlung 47 50; rechtlicher Gesichtspunkt 53 77; teilweise 48 101, 53 77, 118, 60 141

Freiwillige Gerichtsbarkeit 46 7

Freiwilliger Rücktritt, s. Rücktritt

Freiwillige Truppen 56 3

Freiwilligkeit 58 109

Freizeichen 46 6, 48 115

Friedensgewinn, Preissteigerung 50 108, 137, 139

Fristbeginn 60 33

Fristenänderung, Oberschlesien 55 62

Fristberechnung 56 38; Rückfall 48 7
Fristverjährung, Pressedelikt 53 105
Füllinserat 46 122
Fürsorgeerziehung 46 7, 47 13, 50 6, 60 22
Fürsorgezögling 48 67
Futtermittel, verbotene 49 43

G.

Garten 45 46
Gastwirt, Begünstigung von Kundendiebstählen 53 96; Höchstpreis 50 1; Schleichhandel 52 133, 53 32
Gattungssache, Konterbande 50 28
Gebäude 55 25, 83; Begriff beim schweren Diebstahl 49 12, 54 129; Zerstörung bei Brandstiftung 54 89
Gebietshoheit 57 188
Gebrauch, kirchlicher 45 5; unzüchtiger 48 19, 46 3, 35
Gebrauchmachen, Absendervermerk, falscher 51 87; Urkundenfälschung 46 64, 51 81, 52 98, 53 71, 58 16, 100, 59 126; Zollhinterziehung 51 51
Gebrauchsgegenstand, neuer 58 33
Gebrauchsmuster 45 51, 46 22, 26, 90
Gebührenerhebung 53 53
Gefahr, gegenwärtige, Notstand 54 171
Gefährdung, Eisenbahntransport 53 66, 115; öffentlicher Friede 54 16
Gefangenenaufnahmebücher, Fälschung 49 16
Gefangenenaufseher, Diebstahlsverhinderung 53 167
Gefangenenbefreiung 54 124, 57 40, 153; fahrlässige 58 127
Gefangenenliste, öffentliches Register 52 68
Gefangenenmeuterei 48 67, 50 20
Gefangenenwärter, Bestechung 52 119
Gefängnis, gewaltsamer Ausbruch 55 37
Gegenbeweis 56 6
Gegenstand, hauswirtschaftlichen Verbrauchs 47 23, 79, 80, 58 168; Urteilsfindung 46 62; täglicher Bedarf 50 18, 86, 91, 116, 53 56, 152, 55 7, 56 116, 130
Gegenüberstellung mit Zeugen 48 58, 58 37
Gegenwärtiger Angriff, Notwehr 53 65
Gegenzeichnung 56 86
Geheimnis, anvertrautes, Zeugnisverweigerung 48 81
Geheimnisverrat 50 129; Telegraphendienst 49 56
Gehilfe, Untersagung des Gewerbebetriebs 50 85
Gehöftsperre 48 109
Gehör, rechtliches 47 106
Gehorsamsverweigerung 48 123, 56 101, 59 105
Geisteskranker, Angaben von 58 177; Teilnahme 52 99;

Verjährung 52 20; Zeugenfähigkeit 54 49, 57 98
Geisteszustand, Ablehnung von Fragen an Sachverständige 51 74
Geistlicher, Unzucht mit Schülern 52 39; Zeugnisverweigerungsrecht 54 24
Geld, Mitnahme ins Ausland 57 95; Münzfälschung 58 121; verrufenes 55 129, 59 117
Geldbüchse 58 23
Geldbuße 52 156; Zolldelikt 51 28
Geldentwertung 57 22, 112, 114, 223, 58 21, 30, 82, 97, 156, 59 27, 71
Geldsorten, ausländische, Handelsverbot 51 33
Geldstrafe 45 47, 79, 48 66, 51 64, 54 15, 27, 56, 137, 145, 56 32, 74, 58 111, 59 9, 19, 60 136
Geldstrafengesetz 57 59, 97, 213, 58 53
Geldwechselgeschäfte, Verbot 51 33
Geldwert, Änderung 54 62, 113
Gelegenheitsverschaffung, Kuppelei 51 18
Geltungsbeginn von Gesetzen 57 26
Gemeingefährlichkeit 60 112
Gemeinschaftlichkeit, Anstiftung 53 103
Genehmigungspflicht 60 126
General, kommandierender 50 13, 54, 80
Generalpardon 48 93, 110, 49 15, 48, 50, 109
Generalstreik 58 162; Revisionsbegründungsfrist 53 170
Genossenschaft 45 48; 57 53; Benachteiligung durch den Vorstand 53 105; Darlehensgewährung als Untreue 53 92; falscher Geschäftsbericht 49 63; Handeln zum Nachteil 58 175; Schmiergelder 50 29
Genossenschaft m. b. H., Bankerott 50 41
Genußmittelfälschung 49 59, 50 61
Gepäckträger, Beamter 52 180
Gericht, Beleidigung 47 51; Besetzung 45 61, 87, 55 123, 60 29
Gerichtliche Entscheidung, Antrag auf 54 30
Gerichtsassessor 54 119, 125, 60 85, 144; **besetztes Gebiet** 59 128
Gerichtsbarkeit 56 86
Gerichtsbeschluß, Ausschluß der Oeffentlichkeit 53 109, 153; Nichtvereidigung eines Zeugen 53 117; Zurücknahme 55 133
Gerichtsferien 56 75
Gerichtsherr 52 1, 110, 121
Gerichtskosten 45 104; Hinterziehung 47 2
Gerichtskundigkeit 45 102
Gerichtsmitglied, Schlafen 60 29
Gerichtsoffizier 56 97

Gerichtsperson, Ablehnung 52 152
Gerichtssaalbericht, Beschimpfung 46 97
Gerichtsschreiber 56 114; Protokoll 48 26, 52 143; Revisionsbegründung 53 82; Unterschrift unter Zeugenvernehmungsprotokolle 53 50; Zuständigkeit 48 40
Gerichtsstand, mehrfacher 55 102; des Zusammenhangs 49 3
Gerichtsvollzieher 56 52; Widerstand 55 117
Geringe Menge, Mundraub 55 99
Geringfügigkeit, Amnestie 53 40
Geringwertiger Gegenstand 46 115, 48 16
Geringwertigkeit, Lebensmittelkarte 52 155
Gesamtbeleidigung 59 69
Gesamtstrafe 46 51, 48 83, 55 51, 56 98, 58 31, 32, 59 9, 60, 60 73, 134; bedingte Amnestie 53 55; Jugendliche 54 87; Festsetzung von Einzelstrafen 52 70; Neubildung 47 50; ref. in peius 53 86; aus Urteilen bürgerlicher Gerichte und Kriegsgerichte 49 26; Verbindung von erstinstanziellen und Berufungssachen 53 75
Gesamturkunde 49 8, 50 74, 60 56; Begriff 51 14, 60 9; Echtheit einzelner Bestandteile 52 117; Kontrollbuch 52 43; Lohnkarte 52 35
Gesamtvorsatz 50 19
Geschäftlicher Verkehr 56 127
Geschäftsbücher, unordentliche Führung 49 66, 77, 95
Geschäftsführer 49 66, 77, 101, 56 126, 58 146; G. m. b. H. 60 77
Geschäftsgeheimnis, Bestechung 48 46; Verrat 47 37, 48 4, 50 33, 51 67
Geschäftsinhaber, Haftung für den Betriebsleiter 51 55; Vertretung 49 31, 95
Geschäftsräume, Schließung 59 127
Geschäftsverläumdung 46 11
Geschäftsverluste verbotener Einrechnung in den Verkaufspreis 49 119
Geschäftsverteilung 56 83; Strafkammer 46 68
Geschlechtliche Aufklärung, Unzüchtigkeit 48 68
Geschmacksmuster 46 26
Geschworene 54 92, 93, 112, 56 53, 72, 161; Ablehnung 48 107, 53 49; Befangenheit 45 66; Beratung 48 10; Feststellung des einheitlichen Zusammentreffens 53 132; Feststellung des Fortsetzungszusammenhangs 53 122; Gesellschafter einer o. HG. 46 21; Spruchberichtigung, Spruchverkündung 48 124; Verhandlung ohne 53 109; Verkehr mit 57 193; Wahrspruch 46 49

Geschworenenbank, Ablehnung 53 49; Bildung 47 25, 48 53, 51 46, 57 16, 42, 224
Geschworenenspruch, Berichtigungsverfahren 53 47, 76, 122; Ergänzung 54 80
Gesellschaft, geschlossene, Polizeistunde 50 107; Tanzerlaubnis 56 182; mit beschränkter Haftpflicht 45 54, 46 28, 58 146, 60 77; — Bankerott 49 77; Baubuch 49 66; Einlagen 48 47; Geschäftsbücher 49 66, 77; Konkursanmeldung, unterlassene 51 9; Uebertwertung der Sacheinlagen 49 101
Gesetz 58 126; besonderes 60 70
Gesetzesänderung 47 28, 30, 118, 49 30, 116, 125, 133, 54 70; 55 92, 106, 108, 143, 56 24, 77, 100, 57 59, 101, 108, 59 42 71, 60 49, 127, 137; Berücksichtigung in der Revisionsinstanz 51 19; fortgesetztes Delikt 51 64
Gesetzesauslegung 50 70, 91 92, 114, 52 11, 54 5, 56 25, 74, 106, 147, 57 167, 58 149, 151, 60 130; Bundesrat 47 85
Gesetzeseinheit, Achtungsverletzung u. Beleidigung eines Vorgesetzten 57 209; Amtsunterschlagung und Mundraub 51 43; Anstiftung u. Beihilfe 47 115, 53 103, 59 127; Bedrohung u. Nötigung 54 139; Bedrohung und Widerstand 54 90; Beleidigung und Sittlichkeitsverbrechen 45 84; Betrug und Steuerhinterziehung 60 41; Betrug u. Vergehen gegen das Unfallversicherungsgesetz 46 121; Betrug u. Zollhinterziehung 46 53; Brandstiftung und Versicherungsbetrug 60 51; Branntweinsteuerhinterziehung u. unterlassene Anmeldung 55 72; Einfuhr verbotene und verbotener Besitz 49 104; Einführung von Süßstoff u. Urkundenfälschung 46 118; Fleischbeschau- und Vereinszollgesetz 49 33; Freiheitsberaubung und Beihilfe zum Hochverrat 58 3; Hehlerei und Unterschlagung 56 164; Kindstötung und Totschlag 59 4; Kriegs- und Zolldelikt 51 28; Landfriedensbruch und grober Unfug 53 144; Mißbrauch der Dienstgewalt und Körperverletzung 60 40; Mord und Verabredung zum Mord 50 119; Namensangabe, falsche und erschwerter Forstdiebstahl 48 51; Postportohinterziehung und Betrugsversuch 51 87; Preissteigerung 51 126; Preissteigerung und verbotener Handel 51 122; Raub und räuberische Erpressung 55 135; Schleichhandelsverordnung 57 94; Schleichhandelsverordnung und Getreidehandelsvor-

schriften 53 169, 54 63; Schleichhandelsverordnung und Preistreibereiverordnung 53 32; Schleichhandelsverordnung und Verkehrsregelungsvorschriften 55 68, 56 57; schwerer Diebstahl und Hausfriedensbruch 47 6, 53 159; Sittlichkeitsverbrechen u. Beleidigung 47 20; Spionagegesetz u. VO., v. 3. März 1923 58 2; Besitz von Sprengstoff und Sprengstoffdelikt 58 141; Stempelsteuerhinterziehung und Betrug 56 30; Steuerhinterziehung und Betrug 56 5; § 145 a StGB. und § 55 BankGes. 52 51; StGB. und Hausiersteuergesetz 47 4; StGB. und Spionagegesetz 49 128; unl. Reklame und unbefugtes Nachschieben 48 99; unlauterer Wettbewerb 45 11; Untreue und Vergehen gegen das Depotgesetz 47 10; Urkundenfälschung 58 100; **keine:** Amtsunterschlagung und Beiseiteschaffen von anvertrauten Urkunden 59 64; amtl. Gewahrsamsbruch und Beiseiteschaffen 58 154; Betrug und Hehlerei 57 103; gewinnsüchtige Beiseiteschaffung (§ 133 Abs. 2) und Unterdrückung (§ 354) 54 54; Hehlerei und Tabaksteuerhehlerei 57 54; Hinterziehung von Branntweinaufschlag und Freigeld 60 48; Körperverletzung mit Todesfolge und Raufhandel 59 39; Landfriedensbruch und Plünderung nach der VO. v. 22. Okt. 1923 58 114; Notzucht und geschlechtliche Ansteckung 59 51; Paßfälschung zwischen StGB. und Paßverordnung 57 74; Personenhehlerei und vorher zugesagter Begünstigung 57 177; räuberische Erpressung und durch Plündern begangener Landfriedensbruch 56 125; Sprengstoffgesetz und Waffenverordnung 57 169; Verwendung falscher Banderolen u. Verwendung falscher Stempelmarken 56 119; Waffenverordnung und Sprengstoffgesetz 56 109; Verhältnis zum Fortsetzungszusammenhang 58 11

Gesetzgebung, Saargebiet 56 94; Wechsel, s. Gesetzesänderung

Gesetzlicher Vertreter, Ersatz für notwendige Verteidigung 52 89; Kostenpflicht 53 172, 189; Rechtsmittel 47 48; Strafantrag 50 43

Gesichtspunkt, rechtlicher, Veränderung 52 127, 131, 57 8, 60 10

Geständnis 45 44, 58 142; Beweis 51 46, 54 57; Vorhalt 52 126

Gestehungskosten 55 80

Gesundbeten, fahrlässige Tötung 50 10, 59 112

Gesundheitsschädigung, Vergiftungsversuch 53 113

Getränk, bierähnliches **46** 1; weinhaltiges **46** 59

Getreide **49** 72, 74, 116; Beschlagnahme **54** 31

Getreidehandel, unerlaubter **58** 77

Gewahrsam **45** 58, **54** 20, 104, 105, 106, 161, 172, **55** 5, 120, **56** 60, 100, **57** 6, **58** 23, **60** 93; Begriff **50** 11; Beschlagnahme von Briefen **50** 72; Bruch des amtlichen **58** 154; Diebstahl **52** 41, 61, 69, 168; Einverständnis des Inhabers zum Diebstahl **53** 186; entlaufene Haustiere **50** 62; Frachtgut **53** 186; an Nachlaßsachen **58** 107; bei Tod des Eigentümers **47** 66; Unterschlagung **53** 85; versteckte Sachen **53** 94

Gewalttätigkeit **45** 32, **46** 113; **47** 55; **54** 37, 39, 40, **55** 18, 104, 139; **56** 43, **58** 47, **59** 55, **60** 57; Landfriedensbruch **52** 18, 57; schwerer Hausfriedensbruch **53** 30

Gewerbebetrieb, Haftung des Unternehmers für Angestellte **50** 3; unerlaubter **47** 88; Untersagung **50** 85, 136; Unterschied vom Geschäftsbetrieb **50** 29

Gewerbegehilfe, Arbeitszeit **47** 24; Ruhepause **47** 14

Gewerbegericht, Beisitzer **47** 113

Gewerbepflicht **59** 90, 112

Gewerbetreibender **46** 46; Erkundigungspflicht **53** 3

Gewerbliche Genehmigung, Erlangung durch Betrug **47** 45

Gewerbliche Leistung **56** 127

Gewerblicher Transport, Arbeiterinnen **48** 85

Gewerbsmäßigkeit, Altkleiderhandel **52** 83; Begriff **49** 20, **57** 187; Hehler **47** 68, **51** 38, **53** 29, **54** 77, 168; Glückspiel **45** 59, 108, **46** 48, **55** 108; Postvergehen **59** 74; Privatunterricht **46** 88; Schleichhandel **53** 26, **55** 11, **56** 24; Unzucht **51** 89; Verhältnis zum Fortsetzungszusammenhang **58** 11; Wildern **56** 159; Wohnungswucher **53** 165; Wucher **60** 75; Zigarettensteuerhinterziehung **54** 105

Gewerbsunzucht, Begriff **51** 89

Gewinn **53** 2, 10, 34, 57, 174; Amnestie **54** 31, 181, **53** 29, 35, 41, 61, 126; Preistreiberei **54** 58; übermäßiger **49** 119, 131, **50** 18, 24, 31, 39, 51, 60, 66, 67, 69, 81, 86, 91, 97, 103, 108, 113, 116, 117, 118, 130, 131, 137, 139, **56** 123, **57** 46, **59** 71; zulässiger **59** 27

Gewinnsüchtige Absicht **56** 122, **58** 154, **60** 106; Kettenhandel **51** 89; Urk.-Fälschung **51** 81; Urkundenvernichtung **55** 144

Gewohnheitsmäßigkeit, Glückspiel 56 124, Hehlerei 49 115, 51 31, 58 12, 59 49
Gewohnheitsrecht 46 32
Gift 59 1
Glatteis, Berufspflichtverletzung 52 22
Glaubhaftmachung 57 29
Gläubigerbegünstigung 48 6
Glaubwürdigkeit, Zeugenablehnung 51 25
Gleichheit der Tat 56 158
Glückspiel 45 59, 108, 46 48, 47 112, 49 47, 107, 55 108, 56 61, 124, 57 63, 100
Gnadenweise Niederschlagung s. Amnestie
Gold als Ware 57 49
Goldmünze 56 74, 147, 151
Goldzoll 55 29
Gottesdienstlicher Gegenstand, Kirchendiebstahl 53 74
Gottesdienstliche Verrichtung 48 92
Gotteslästerung 56 67
Grab, beschimpfender Unfug 48 92
Grabnutzungsrecht 58 85
Grammophonplatten 46 108; s. a. Schallplatte
Grausame Behandlung 49 117
Grenzverrückung 48 77, 56 93
Grober Unfug, Gesetzeseinheit mit Landfriedensbruch 53 144; Verhältnis zum Sittlichkeitsvergehen 53 70
Großbritannien, Auslieferungsvertrag 50 37
Großhandel 58 156
Großhandelserlaubnis 58 99
Grubenfahrt, Augenscheinseinnahme 52 66
Grundbuchführer 48 121
Gründe, Angabe des Strafgesetzes 51 12; Fehlen bei Beschlüssen 51 52
Grunderwerbsabgabe 56 153 167, 190
Grunderwerbsteuer 57 52, 66, 67, 160, 58 19, 20, 39, 60 4
Grundrechte 49 12
Grundstück, bebautes 47 108
Grundstückhandel, Urk.-Fälschung 55 146
Grundstücksübertragungsabgabe 49 39, 49, 70
Guter Glaube 47 76
Güterwagen, umschlossener Raum 51 136
Gute Sitte 46 6; Schenkungssteuerhinterziehung 54 29
Gutschein, Münzverbrechen 51 134; Urkundenfälschung 51 134

H.

Haftbarmachung 57 111
Haftung, Rechtsmittelkosten des gesetzlichen Vertreters 53 172, 189; des Unternehmers für Angestellte 50 3, 51 7, 73, 59 97; der offenen Handelsgesellschaft 47 27; des Vaters 45 104; beim Sprengstoffdelikt 48 96
Hamburg, Belagerungszustand 49 25
Handakten, des Rechtsanwalts 48 118

Handel, Arzneien **47** 4; ausländische Zahlungsmittel **58** 70, 135; mit Gold **56** 141; unerlaubter **58** 38, 77, 78, 120
Handelsagent, Untersagung des Handels **50** 136
Handelsbetrieb, unerlaubter **52** 102, **59** 125
Handelsbücher **46** 29; Gesamturkunde **50** 74, 141, **51** 14; Fälschung zur Steuerhinterziehung **50** 48, 141; unbefugte Abänderung **52** 48; unordentliche Führung **49** 66, 77, 95, **50** 34
Handelserlaubnis **51** 8, 82, 91, 125, **54** 43, 63
Handelsgesellschaft, offene (Konkurs) **45** 97, **46** 21
Handelskammer, öffentliche Behörde **52** 100
Handelsmakler **46** 29
Handelsmißbrauch **48** 13
Handelspreis **56** 155, **58** 122, 147
Handelsregister **49** 92, 95, 101
Handelsverbote **49** 44, 69, 80, 81, **56** 195; bei Seuchen **46** 95; auf unbestimmte Zeit **46** 95
Handelsvertrag, deutsch-österreichischer **57** 33
Handgranate **56** 109
Händler, Höchstpreisüberschreitung **50** 68
Handlung, fortgesetzte **45** 16; pflichtwidrige **57** 173
Handlungsreisender, Untreue **47** 132
Handschlag, Beeidigung von Mennoniten **52** 33
Handtaschenentwendung (Raub) **46** 71, 113
Härteres Strafgesetz **59** 51
Haufen, bewaffneter **56** 139
Hauptstrafe, Konfiskation **49** 33
Hauptverfahren, teilweise Eröffnung **46** 62
Hauptverhandlung **57** 134, 138, 222; Anwesenheit des Verteidigers **53** 91; Aussetzung **48** 122, **52** 131; Belehrung über die Veränderlichkeit des rechtlichen Gesichtspunkts **53** 184; Beweiskraft des Sitzungsprotokolls **53** 130; Öffentlichkeit **54** 103; Schwurgericht **53** 109; Unterbrechung **53** 184, **54** 149, **58** 161, **60** 61; Verteidigerladung **48** 111; Vorhalt aus früheren Protokollen **59** 50; Wiedereröffnung **59** 137
Hausfriedensbruch **46** 114, **54** 139, 170, **55** 18, 21, 33, 56, **57** 69; Abgeordneter **47** 81; Gesetzeskonk. mit schwerem Diebstahl **47** 6; schwerer **51** 139, **53** 30; Zusammentreffen mit schwerem Diebstahl **53** 159
Hausierhandel mit Tieren **47** 107, **50** 55
Hausmüllentwendung **48** 37
Hausschlachtung, Verbot **50** 87
Haustiere, Diebstahl **50** 52
Haustrunk **46** 63, **47** 36, 38, 65, **48** 95, 112, **49** 44, 62, 103, 113; s. a. Wein

Hauswirtschaftlicher Gebrauch 46 103, 120
Hauswirtschaftlicher Verbrauch 47 23, 79, 80; Holz 53 110; Leder 53 127
Hebamme, Anzeigepflicht 48 22
Heer, kriegführendes 56 3
Heeresangehörige, Amnestie 54 5, 8, 45
Heeresbedarf 49 27, 73, 96
Heeresdienst, Entlassung 57 220
Heeresgut, Strafantragsrecht 51 32
Heereslieferungsvertrag 50 26, 27, 100, 102, 128, 53 13
Heeresmacht 59 130
Heeresverwaltung 56 68
Hehlerei 45 14, 52 50, 103, 104, 54 20, 55, 77, 101, 135, 168, 171, 55 26, 31, 41, 46, 78, 111, 116, 120, 132, 159, 56 27, 50, 85, 92, 103, 164, 57 23, 39, 54, 82, 103, 105, 172, 58 11, 12, 51, 59, 74, 98, 108, 123, 143, 59 44, 49, 70, 128, 60 121; Amnestie 53 26; Ansichbringen 47, 94, 49 124, 51 66, 53 48, 88; Brotmarken 51 38; Gewerbsmäßigkeit 47 68, 53 79; Kauf beschlagnahmten Getreides 53 15; Mitbesitz 47 94; Mitwirkung beim Absatz 53 96, 114; Strafbarkeit der Vortat 50 58; Tateinheit 50 57, mit Begünstigung 47 68, mit Betrug 50 78; Verarbeitung 53 88; Verhältnis zur Begünstigung 53 97; Verhältnis zum Diebstahl 49 115; Verheimlichen durch Ableugnen des Besitzes 47 76; Vorteil 50 98; wahlweise Feststellung 51 66, 53 129; Zusammentreffen mit Uebertretung von Verteilungsvorschriften 51 106
Heilmittel 49 59
Heilmittelanpreisung 47 34
Heilquelle 58 157
Heilung nachträgliche, Steuerstrafverfahren 57 52
Herausgabe einer Zeitung 45 18
Herausgabeanspruch 56 185
Herausgabepflicht 56 87
Herrenlose Sache 49 52
Herstellung von Waren 45 67
Hilfsarbeiter, Beamteneigenschaft 50 121
Hilfsaufseher, Dienstpflicht 53 167
Hilfsbegründung, rechtliche Bedeutung 50 128
Hilfsfrage 56 107; Amnestie 54 10; Kindstötung 59 30; Mord oder Totschlag 51 44; bei Tateinheit 49 118
Hilfsgefangenenwärter, Bestechung 52 119
Hilfsgepäckträger, Beamter 52 180
Hilfsgeschworene 51 46; Beurlaubung 55 140
Hilfsrichter 54 119, 125, 55 123, 60 144, 145; in Preußen 56 41

Hilfsschöffe 60 146
Hilfsstoffe 60 122
Hinterlegung 54 123
Hinterziehung 55 58, 72, 84, 92, 95, 107, 130, 163, 56 84, 136, 187, 190, 60 71, 137; Porto 48 49, 51 87
Hinterziehungsstrafe 57 52, 58 14; s. a. Zigarettensteuer- und Zollhinterziehung
Hinweis, Änderung des rechtl. Gesichtspunkts 56 163; Eidesbedeutung 56 31
Höchstbetrag 60 136
Höchstpreis, Höchstpreisüberschreitung 49 1, 2, 30, 31, 42, 97, 50 1, 3, 17, 21, 22, 38, 51, 65, 66, 69, 84, 88, 93, 94, 95, 111, 123, 131, 133, 144, 51 1, 7, 30, 55, 58, 64, 70, 84, 85, 100, 107, 137, 53 10, 12, 55, 95, 138, 145, 149, 175, 179, 54 31, 57 125
Höchststrafe, Einfuhrverordnung 56 154
Hochverrat 54 44, 56 40, 89, 132, 181, 58 3; Aufforderung zur Begehung 53 165; Untersuchungshaft 50 143; Zusammentreffen mit hochverräterischem Unternehmen 51 126
Hoheitsrecht, Postbetrieb 51 24
Holz, Ausfuhrverbot 51 5; Hauswirtschaftlicher Verbrauch 53 110
Hundesperre 49 127

J.

Immunität, Landtagsabgeordneter 50 143
Inhaberaktien, Einzahlung des Ausgabepreises 53 78
Inhaberpapier, Diebstahl u. Betrug 50 78
Inkassovollmacht s. a. Vollmacht z. Zahlungsannahme
Inkrafttreten von Gesetzen 57 211
Inland, Begehungsort 48 42, 43
Innerer Tatbestand 58 117
Innungspreis 59 85
Inserat, Preissteigerung 50 103
Intellektuelle Urkundenfälschung 52 68; s. a. Urkundenfälschung
Interessen, berechtigte 50 14, 104, 56 186, 59 63, 60 117; s. a. berechtigte Interessen
Inverkehrbringen 54 69, 56 66; Wein 49 13, 44, 113
Irreführende Bezeichnung, Lebensmittel 53 135
Irreführungsverordnung 55 6
Irrenanstalt, Einweisung von Angeschuldigten 54 86
Irrtum 45 41, 52, 77, 90, 94, 47 18, 37, 55, 122, 49 96, 112, 117, 126, 50 3, 8, 17, 38, 70, 109, 129, 135, 140, 141, 144, 51 5, 9, 11, 19, 33, 35, 37, 53, 56, 60, 71, 80, 83, 84, 102, 103, 107, 120, 122, 126, 129, 52 46, 48, 51, 52, 79,

171, 172, 173, 53 3, 9, 13, 27, 39, 65, 133, 179, 54 3, 66, 84, 55 43, 50, 74, 87, 132, 56 77, 115, 129, 165, 186, 199, 200, 57 12, 94, 139, 140, 168, 172, 186, 58 5, 94, 117, 147, 148, 151, 59 2, 18, 67, 86, 101, 105, 115, 125, 130, 134, 60 43, 53, 75, 94, 104, 112, 126, 128, 131, 143, 147, 149

J. (i.)

Jagdaufseher 46 94
Jagdausübung, nichtiger Pachtvertrag 49 23; Verbot 49 75, 55 3, 88
Jagdbares Tier, Gewohnheitsrecht 46 32
Jagdgeräte, Einziehung 53 59, 98
Jagdrecht 57 43
Jagdschein 45 25
Jagdvergehen 49 23, 56 159, 60 94
Jagdvorsteher, Urk.-Fälschung 46 2
Jugendgericht 58 95, 153, 59 118, 60 22
Jugendlicher, Einsicht 53 39, 73, 100; Gesamtstrafe 54 87; notwendige Verteidigung 52 89; Strafmaß 59 48; Strafmündigkeit 57 107; teilweise Einsicht 51 122; Unterbringung in einer Erziehungsanstalt 53 100; Zuständigkeit des Kriegsgerichts 49 32
Jugendlicher Arbeiter 45 67
Jugendlicher Täter, Sittlichkeitsverbrechen 47 120
Jugendliches Alter, mildernder Umstand 48 94
Jugendsachen 58 40
Jugendschutz, Arbeitszeit 47 24
Justizanwärter, Beamteneigenschaft 52 140.

K.

Kali 56 22, 57 171
Kaliabsatz nach dem Ausland 46 60
Kalisalze, Abbau 47 100
Kameradenmißhandlung 57 102
Kapitalflucht 56 133, 148, 199, 57 88, 58 17, 174
Kapputsch 56 132
Käseausfuhr 57 47, 50
Kasernwärter, Bestechung 50 79
Kassabuch, Ergänzung durch Kassazettel 50 34; Urkundenfälschung durch den Aussteller 50 48, 141
Kassenscheck, Unterschlagung 54 78
Kauf von Wahlstimmen 48 23
Kaufmann, Bankerott 52 153; Erkundigungspflicht 53 3; minderjähriger 45 2; Untreue 47 10
Kaufpreisangabe, unrichtige 60 4
Kausalzusammenhang, Betrug 49 5
Kautionswechsel 47 60
Kellnerin, Arbeitszeit 47 24
Kennenmüssen, Hehlerei 51 66

Kettenhandel 50 81, 51 21, 83, 95, 104, 105, 116, 123, 135, 52 13, 17, 65, 81, 86, 114, 116, 137, 139, 159, 53 1, 5, 12, 14, 27, 37, 38, 56, 175, 54 2, 31; 55 45, 77, 147, 56 105, 155, 57 51, 113, 128, 150, 208, 58 103, 122, 147, 156
Kindbettfieber, Anzeigepflicht 48 22
Kinder, Entziehung aus der elterlichen Gewalt 48 98; Entführung 48 126; Mißhandlung 49 117; Raub 47 13; Unzucht mit 46 80, 49 47, 53 101
Kinderarbeit 45 67
Kindsentführung 45 73
Kindstötung 59 4, 30
Kirche, evangelische in Sachsen 57 17
Kirchenbehörde, falsche Anschuldigung 47 12
Kirchendiebstahl 45 56; Altarkerzen 53 74
Kirchengemeindewahl 56 192
Klagänderung 49 75, 55 41
Klageerneuerung 60 42
Klageverbrauch, bei Unterlassungsdelikten 47 46
Klassenhaß, Aufreizung 54 16
Klauenseuche 49 81, 85, 111
Koalitionsfreiheit 56 200
Kognak 60 14; Verschnitt 47 89
Kohlenlieferung 59 98
Kohlenverteilung 57 65
Kokainhandel 60 128
Kollektivdelikt 47 124
Kommanditgesellschaft 60 33
Kommissarische Vernehmung 49 51, 105, 110; Unterschrift des Gerichtsschreibers 53 50
Kommunalanordnung, Veröffentlichung 51 91
Kommunalbeamter 55 15
Kommunalverbände 49 86, 97, 98, 126, 133, 50 2, 121, 123
Konfiskation 47 7, 117, 52 147, 156, 53 8, 55 22, 56 37, 57 28, 93; bei Ausfuhrverbot 49 69; Verhältnis zur Einziehung 49 33, 57, 122; Zusammentreffen von Kriegs- und Zolldelikt 51 28
Konkurs 48 6, 35; der Gesellschaft mit beschränkter Haftpflicht 46 28; der offenen Handelsgesellschaft 46 21; des Handelsmaklers 46 29
Konkursanmeldung, Unterlassung bei der Gesellschaft mit beschränkter Haftpflicht 51 9
Konkursgericht 49 21
Konkursmasse, unl. Wettbewerb 47 33
Konkursvergehen 47 88, 93, 50 41, 55 16
Konkursverwalter, Aufnahme des Rechtsstreits 49 11
Konsumption, Landfriedensbruch u. grober Unfug 53 144
Konsistorium als Behörde 56 111
Konsul, Zeugenvernehmung 49 105
Konsumverein 58 163

Konterbande 45 47, 76, 107, 46 91, 47 5, 48 9, 49 33, 41, 69, 87, 104, 51 140, 54 27, 30, 52, 79, 118, 55 74, 125, 57 28, 60 65, 119; Ausfuhrdeklaration 52 156; Beendigung 52 120; Beihilfe 50 116; Durchfuhr verbotene 52 49, 146; Einfuhrbeendigung 51 131; Einfuhrbeschränkung 52 60; Konfiskation 53 8; Pferdeausfuhr, verbotene 52 160; Unternehmen 53 8, 67, 134; Werterſatz 50 28, 53, 110, Zuſ.treffen mit Branntweinfreigeldhinterziehung55 95
Kontingent 45 105
Kontobuch, Urkundenfälschung 51 3, 14
Kontokorrent, Gesamturkunde 49 8
Kontrollregister 45 68
Kontrollstempel, Fälschung 54 98
Kontrollstreifen, Urkundenfälschung 55 60
Kontrollurkunde, unbefugte Änderung 51 118
Konzeptionsverhütungsmittel 46 3, 35
Korkengeld, Bestechung 48 90
Kornbranntwein 48 41
Körperverletzung 52 22, 55 49, 57 44, 58 155, 59 37; im Amt 59 32, 60 40; Bußanspruch 55 103; fahrlässige 50 10, 76, 59 90, 60 38; Geschlechtsverkehr als 56 29; mit Todesfolge 59 54, 124; Verhältnis zum Raufhandel 59 39
Kosten 45 13, 63, 46 15, 57 127, 154, 60 8, 69; Ausscheidung 51 31; Einziehungsbeteiligte 53 59; gesetzlicher Vertreter 53 172, 189; des Klaganschlusses einer Verwaltungsbehörde 48 102; Nebenklage 46 98, 53 172, 59 43; Revision des Vormunds 46 38; Tateinheit u. teilweise Verurteilung 52 95
Kostenüberbürdung 54166
Kraft, elektrische 45 52
Kraftfahrzeug, Probefahrt 46 27; Steuer 58 91
Kraftwagen 45 34; Führer 60 15; Unfall 60 38; Versicherungsbetrug 53 154
Krankenkassebeiträge, Einbehaltung durch den Arbeitgeber 50 35
Krankenpfleger, Amnestie 54 45
Krankenversicherung 45 101
Krankheit, ansteckende, Anzeigepflicht 48 22; Aussetzung wegen 54 132
Kredit, ungedeckter 60 53
Kreditwucher 58 151; 59 115, 60 75, 88
Kreisausschuß 57 62; Befugnisse in Preußen 55 87
Kreiskommunalbeamte, Beamteneigenschaft 55 15
Kriegsabgabe 54 6, 29, 32; 56 13; 58 186
Kriegsaufschlag 56 120

Kriegsbeute, Unterschlagung 49 52; 57 130; 58 148
Kriegsgefangene, Mißhandlung 57 25
Kriegsgericht 55 66, 56 121; außerordentliches 54 143; Zuständigkeit 50 7
Kriegsgesetze 49 1, 2, 25, 29—32, 42, 43, 69, 71—75, 79—82, 86, 88, 94, 96, 112, 116, 119, 125, 131—133; 56 3
Kriegsgewinn 54 58
Kriegslieferungsvertrag 59 97
Kriegsteilnehmer, Aussetzung des Strafverfahrens 52 29 73
Kriegswirtschaft 57 48
Kriegswucher 50 18, 24, 31, 39, 51, 60, 66, 67, 69, 70, 81, 86, 91, 103, 108, 113, 116, 117, 118, 130, 131, 137, 139, 54 2
Kritik amtlicher Handlungen 56 186
Kunstfehler, Arzt 50 10; 56 168
Künstlername 56 173
Kunstschutz 45 55, 109, 48 39
Kunstspeisefett 46 44; Verfälschung 50 63
Kunstwein 50 15
Kupferfarbstoffe, Nahrungsmittelfälschung 48 105
Kuppelei 46 42, 57 32, 201, 58 106; des Ehemanns 58 46; als Unterlassungsdelikt 48 55; Verschaffung von Gelegenheit 51 18
Kurpfuscher, fahrlässige Tötung 50 10, 51 49
Kurzschrift, Protokollabfassung 55 1
Küstengewässer 56 71
Kutscher, fahrlässige Körperverletzung 50 76
Kuxe 46 41

L.

Ladenschluß 56 106, 58 66
Ladung 52 23, 150; mehrere Verteidiger zur Hauptverhandlung 48 111; notwendiger Verteidiger 53 148; unmittelbare 54 123
Lagerspesen 50 118
Lagerung von Sprengstoff 48 96
Landesrecht, Ausnahmezustand 59 68; Bayern 50 132, 133; Braunschweig 50 6; Preußen 50 13, 19, 25, 48, 89; Reuß ä. L. 50 3; Verhältnis zum Reichsrecht 50 48, 143; Württemberg 50 143, 56 30, 91
Landesverrat 52 6 127, 56 157; Ausländer 49 128; Gleichheit von Verwaltungsanordnungen 51 91; Spion 53 4, 58; Verhältnis zur Spionage 49 128; Versuch 51 99
Landeszentralbehörde 58 115
Landfriedensbruch 45 32, 50 7, 52 57, 54 37, 40, 148, 55 56, 139, 56 125, 58 98, 114, 60 116; Fragestellung 53 156; schwerer 47 55;

Verhältnis zum schweren Hausfriedensbruch 55 21; Zusammentreffen mit grobem Unfug 53 44
Landgendarm, Beamter 55 87
Landgericht, Mitglied 60 145
Landgerichtsdirektor 55 134
Landgerichtspräsident, Vertretung 60 17
Landschaftsbeamter, Beamteneigenschaft 55 75
Landsturm, Amnestie 54 8
Landsturmpflichtiger 50 36, 120
Landtagsabgeordneter, Untersuchungshaft 50 143
Laubhüttenfest, rel. Einrichtung 47 40
Lebensmittel 56 134; Verkauf unter irreführender Bezeichnung 53 135
Lebensmittelkarte 55 38; Legitimationspapier 51 97; öffentliche Urkunde 51 97
Lebensmittelmarken, falsche 56 46
Lebensunterhalt 57 32; Beziehen von einer Dirne 45 62
Lebenswichtiger Betrieb 55 67
Lebenswichtige Gegenstände 59 42
Legimationspapier 58 34, 60 60, 131
Lehrer, Sittlichkeitsverbrechen 57 199; Unzucht mit Schülern 53 154; Verschiedenheit vom Erzieher 46 92
Lehrherr, Sittlichkeitsdelikt 57 199
Leichenbegängnis (öffentlicher Aufzug) 45 20
Leichenöffnung, Verlesbarkeit von Protokollen 53 192
Leichtfertigkeit, Beleidigung militärischer Vorgesetzter 59 105
Leichtsinn, Wucher 60 75
Leihe, Hehlerei 51 66
Leistung 58 151; gewerbliche 56 127
Leistungswucher 60 5, 37, 53, 75, 88, 91
Letztes Wort des Angeklagten 57 133
Leugnen, Begünstigung 54 25; Zueignungsabsicht 52 167
Leumundszeugnis 59 118; Verlesbarkeit 53 160
Lieferschein, Preistreiberei 50 130
Lieferungspflicht 58 148
Lieferungsvertrag, Nichteinhaltung u. Betrug 51 113
Liegenschaftsrecht 49 39, 70, 120
Liquidation 45 54
Liste, öffentliche Urkunde 52 140
Literaturschutzgesetz, s. Urheberrecht
Lohe, Gegenstand des tägl. Bedarfs 51 100
Lohnabtreibung 56 162, 60 46, 58, 127
Lohnkarte, Fälschung 52 35
Lohnsätze, Nichteinhaltung bei Heereslieferungsverträgen 50 102

Londoner Abkommen 58 191
Löschung von Warenzeichen 48 122
Lotterie 55 152, 60 126, 135
Luftgeschäft 58 6
Lustbarkeit, öffentliche 47 121

M.

Machenschaft, unlautere 51 10, 40, 88, 52 13, 17, 65, 114, 116, 159, 162, 170, 53 28, 81, 184, 54 2, 55 147, 57 150, 208, 59 25, 71, 77, 104, 115, 60 47, 53
Mädchen, unbescholtenes 46 39
Majestätsbeleidigung 48 50
Makler, Preistreiberei 50 85
Malzaufschlag 46 1
Malzhandel 50 86, 91, 51 90, 98
Mängelrüge 52 47
Manuskriptabdruck 48 127
Margarine 46 44; Verfälschung 50 63; s. a. Kunstspeisefett, Pflanzenfett
Marinaden 59 66
Marken, Urkundenfälschung 48 84
Markt bei Seuchengefahr 49 85; s. a. Privatmarkt
Marktlage, übermäßiger Gewinn 52 58, 53 10, 57 128
Marktpreis 49 119, 131, 50 66, 68, 83, 57 22, 154, 58 147
Maul- und Klauenseuche 49 85, 111
Mehrarbeit, freiwillige 60 150
Mehrtäterschaft 51 70
Meineid 54 53, 57 149, 58 140, 145, 169, 171, 178, 187, 59 10, 23, 33, 75, 108, 109, 60 26, 27, 45, 98, 123; Anstiftung 60 1; Berichtigungsverfahren 53 76, 121; Fragestellung 55 109; Offenbarungseid 49 4; Verleitung 54 53; 59 91, 116; unternommene Verleitung 49 4; Versuch 60 12; Vorbereitungshandlung 59 116
Meldekarten 60 56
Meldeschein 60 16
Menge, Mundraub 55 99
Mennonit, Eid 46 10, 57 174
Mensur, Zweikampf 60 84
Metall, Beschlagnahme 50 109, 135; Diebstahl 58 42; Höchstpreis 50 88, 135; Verkehr 60 138
Meuterei 48 67, 49 129, 50 20, 54 155, 55 37, 56 7, 58 35
Miete 57 121
Mieterschutz 55 47
Mietvertrag, Wohnungswucher 53 163
Milchfälschung 51 86, 59 99
Mildernde Umstände 45 78; 46 96; 54 18, 81, 58 53; Jugendl. Alter 48 94; Fragestellung 47 53; Kindstötung 59 4; militärische Bestechung 59 78; Preistreiberei 52 112; schwerstes Strafgesetz bei Tateinheit 53 23
Mildestes Strafgesetz 47 129, 50 135, 54 70, 56 24, 77,

200, 201, 58 48, 102, 113, 59 35, 42, 129
Militärbefehlshaber 50 13, 80, 101, 57 48
Militärische Amnestie 52 146, 147, 54 5, 8, 45
Militärische Geheimnisse, Verrat 49 35, 50 129
Militärischer Diebstahl 54 14
Militärische Strafe, Rückfall 54 28
Militärische Streife 60 118
Militärische Vorgesetzte 60 118; Beleidigung 59 105
Militärgericht, Ausschluß der Öffentlichkeit 60 95; Übergabe 52 110, 121; Rechtshilfe 52 14; Verweisung ans Landgericht 52 107
Militärgerichte, Zuständigkeit bei Beleidigung früherer Vorgesetzter 49 108
Militärgerichtsbarkeit 55 97; Beendigung 54 36; Konkurrenz mit der bürgerlichen 50 72; Übertragung auf bürgerl. Gerichte 50 120
Militärperson, Bestechung 48 15; Straftat im Ausland 54 36
Militärstrafsachen 60 139
Minderjähriger, Einwilligung zur Beleidigung 51 23; Entziehung aus der elterlichen Gewalt 48 98; Kaufmann 45 2; Metallerwerb von 60 138; Rechtsmittel des Vormunds 47 48; Reichswehr 56 7; Unzucht mit 60 18
Minder schwerer Fall, militärische Bestechung 59 78
Mindestbetrag 60 136
Mindeststrafe 58 93; bei schwerem Diebstahl 46 81
Mineralwasserausschank, Ruhepausen 47 14
Mischgesetz 58 137
Mißachtung, der Baukunstregeln 47 131
Mißbrauch, der Amtsgewalt 46 112, 53 161, 56 200, 203; des Elternverhältnisses 46 42; rechtlicher Einrichtungen 59 38
Mißbräuchliche Übung 58 134
Mißhandlung, Kameraden 57 102, Untergebener 57 25
Mitangeklagter, Abwesenheit bei Vernehmung 55 89; Antrag auf Zuladung 52 150; Aussagenverlesung 55 122; Geisteskrankheit 54 49; Kostenausscheidung 51 31; notwendige Verteidigung 52 94; als Zeuge 52 67
Mitbesitz, Hehlerei 47 94
Mitgewahrsam, Unterschlagung 53 85
Mitnahme von Geld ins Ausland 58 79
Mittäterschaft, Amtsanmaßung 55 148; und Anstiftung 48 60, 53 103; Begriff 51 131, 52 74, 54 62 57 156; Beiseiteschaffen von Mehl 50 123; Betrug 59 38; Diebstahl 52 103, 54

73, 131; 56 11; Einfuhr verbotene 51 131; geistige Beteiligung 53 69; Geschäftsinhaber u. Betriebsleiter 51 55; Hehlerei 59 70; Konterbande 51 131, 54 52, 118; Körperverletzung mit Todesfolge 59 124; literarisches Urheberrecht 48 100; Mord 55 42; Münzverbrechen 59 29, 133; Nötigung 54 66; Paßvergehen 57 74; Plünderung 54 131; Preissteigerung 51 57, 52 3; 58 181; Raub 54 116; Rücktritt eines Beteiligten vom Versuch 47 111, 59 133; schwerer Diebstahl 52 62; Totschlag erschwerter 59 81; Unterschlagung 53 85; Urkundenfälschung 52 93, 56 160, 58 133; Verfehlung gegen das Genossenschaftsgesetz 49 63; Vergehen gegen das Warenzeichengesetz 57 145; verschiedene Zuständigkeit der Straftaten 48 30; Viehseuchengesetz 47 28; unter Vorstandsmitgliedern einer Genossenschaft 49 63; Wareneinfuhr 52 16; s. a. Teilnahme

Mittel zur Täuschung 46 25; zum unzüchtigen Gebrauch 46 3, 35; untaugliches 50 9; Betrugsversuch 51 72

Mittelbarer Beweis 48 74

Mittelbarer Staatsbeamter 55 75

Mittelbare Täterschaft 48 17 48, 52 99, 60 128; Anzeigepflichtverletzung 51 39; Ausfuhrverbot 51 5, 53 21; Diebstahl 47 43, 57 140

Mitverantwortlichkeit mehrerer Arbeitgeber 45 101

Mitverschulden, fahrlässige Tötung 50 10

Mitwirken abgelehnter Richter 54 164; Absatz 56 92, 58 63, 123, 143; Hehlerei 53 114, 54 55

Molkereigenossenschaft 57 125

Monopoleinnahmehinterziehung 57 190

Mord 55 2, 42, 52, 55, 112, 57 35, 60 24; Nebenfrage 51 44; Nichtanzeige des Vorhabens 53 90; politischer, Verabredung 58 176; Tateinheit mit Diebstahl 59 92; Verhältnis zur Verabredung des Mordes 59 119

Mordversuch 56 10; Fragestellung 54 19

Most 45 29

Mündliche Verhandlung, Entscheidung über ein Ablehnungsgesuch 49 3

Mundraub 46 102, 50 125, 134, 55 99, 57 6; Amtsunterschlagung 51 24, 43; Diebstahl 47 42; Eisenbahndiebstahl 51 136

Munition, verbotene Aneignung 57 172

Münze 55 74, 81, 147, 58 161

Münzdelikt 48 48, 51 134, 54 99, 130, 55 24, 129, 58 121, 182, 59 13, 29, 133, 60 110

Musterschutz 46 6, 22, 26, 90; Strafantrag 49 130; s. a. Gebrauchsmusterschutz, Geschmacksmusterschutz
Mutter, Berechtigung zur Nebenklage 53 116; Fahrlässigkeit bei Säuglingspflege 53 72; Kostenhaftung bei Rechtsmitteln 53 189

N.

Nachahmung von Aktien 48 38; von Wein 45 85, 46 69, 89, 47 36, 65, 48 8, 112
Nachbarbezirk, Seuchenschutz 49 127
Nachdruck 46 45, 98, 48 127; Ausarbeitung unterhaltenden Inhalts 47 86; aus Zeitschriften 49 7
Nacheid 54 53
Nachmachen, Falschmünzerei 58 159
Nachprüfung 57 200
Nachprüfungsrecht, richterliches 50 101
Nachrede, üble 56 51, 186, 60 130; Zusammentreffen mit Beleidigung 55 73
Nachschieben von Waren 45 37, 74, 46 66, 48 1, 11, 87, 99
Nachschlüsseldiebstahl 55 127
Nachtat, straflose, Amtsunterschlagung 59 64; Betrug 59 15; Diebstahl 54 34, 55 58, 56 18, 57 23, 103; Urkundenfälschung 60 129
Nachteil, Gesundheitsschädigung 53 105; Untreue 53 92
Nachtrag, Rechtsbelehrung 54 92
Nachträgliches Verfahren, Unzulässigkeit 52 105
Nachtzeit, Diebstahl 55 91
Nachuntersuchung von Fleisch 48 79
Nachveranlagung, Weinsteuer 57 1
Nachversteuerung 54 172
Nachzahlung, Steuer 59 41
Nachzoll, Tabaksteuer 52 21
Nahrungsmittel, Anzeigepflicht bei Einfuhr 51 101; gesundheitsschädliches 60 122; Preiswucher 50 18; verbotener Handel 51 50, 82, 91, 124, 125
Nahrungsmittelentwendung 52 155; alsbaldiger Verbrauch 53 89; Brotkarte 51 109; Holz 53 110; Verbrauch durch Dritte 53 89; Zusammentreffen mit schwerem Diebstahl 53 108
Nahrungsmittelfälschung 46 17, 72, 48 105, 49 59, 106, 50 61, 63, 117, 52 136, 60 23
Nahrungsmittelgesetz, Verhältnis zum Weingesetz 49 13, 50 61
Nahrungsmittelproben, Verstrickungsbruch 48 107
Name, Gebrauch eines fremden 49 16, 89, 99; unrichtiger 48 72

Namensunterschrift, unbewußte Durchschrift 50 50; Urkundenfälschung 51 3
Naturwein 46 54
Nebenbetrieb 48 31
Nebenfrage, Meineid 55 109; Mord 51 44; straferhöhender Umstand 53 99
Nebenklage 45 105, 46 11, 47, 98, 48 70, 51 52, 52 44, 53 116, 172, 54 151, 55 84, 56 178, 57 120, 59 24, 37, 43, 60 20, 69, 97
Nebenleistung, Höchstpreisüberschreitung 50 131; Schmiergelder 51 7
Nebenregister, falsche Beurkundung 50 126
Nebenstrafe, Einziehung 49 33, 50 132, 133, 52 138, 53 59, 175, 54 60, 57 129; Niederschlagung des Strafverfahrens 50 132, 133; Unfähigkeit zu öffentlichen Ämtern 50 5; Verfallerklärung bei Bestechung 53 178, 54 97; Verlust der Ehrenrechte 60 98
Nebentäterschaft 55 42
Ne bis in idem 46 14, 47 46, 91, 124, 48 29, 49 45, 75, 107, 108, 50 71, 51 82, 85, 86, 123, 52 72, 91, 105, 125, 136, 54 137, 56 86, 158, 57 15, 27, 154, 201, 204, 58 128, 59 128, 60 20
Neubau 46 4
Neuheit (im Verwendungszweck) 45 51
Nichtanzeige, Mordvorhaben 53 90
Nichtbeantwortung, Hilfsfrage 53 47
Nichtbeeidigung 50 44, 47, 53 68, 90, 117, 149, 55 131
Nichteinhaltung, Lieferungsvertrag 51 113
Nichterfüllung, Heereslieferungsverträge 50 27, 100, 102
Nichtigkeit 49 70; eines Vertrags 49 23, 70
Nichtiges Rechtsgeschäft 46 67
Niederschlagung, gnadenweise 50 132, 133, 52 73, 141, 147, 148, 178, 53 18, 19, 29, 33, 37, 39, 40, 56, 175, 176; s. a. Amnestie
Notar 60 4; als Kaufmann 47 88
Notbetrug 46 106, 48 16
Notdiebstahl, Brotmarke 51 109; geringwertiger Gegenstand 46 115; Kohlen 52 128; Lebensmittelkarte 52 155; Strafantrag 46 73; Versuch 46 71, 113; Viehfutter 46 103; Wäsche 46 120; s. a. geringwertiger Gegenstand
Notgeld 58 121; Münzverbrechen 59 13
Nötigung 46 112, 48 104, 54 65, 66, 90, 139, 171, 55 19, 148, 56 110, 200, 203, 58 35, 59 60; Mißbrauch der Amtsgewalt 49 100, 53 161; Schreckschüsse 60 57
Notlage, Ausbeutung 60 150

Notmarktlage 51 88, 105, 52 58, 53 34, 57 22, 58 60, 147, 156, 59 71
Notopfer 58 186
Notstand 54 171, 57 136, 59 26, 60 39, 48, 112; Aufforderung zur Verbrechensbegehung 53 195
Notwehr 48 63, 53 65, 55 44, 87, 88, 56 14, 132, 142, 58 13, 59 88, 60 86, 141; vermeintliche 54 22, 85
Notwendige Teilnehmerschaft, Kettenhandel 52 139
Notwendige Verteidigung 47 90
Notzucht, Auslieferung 49 65; durch Geschlechtskranke 59 51
Nutzen, öffentlicher 58 157

O.

Oberlandesgericht, ehrengerichtliches Verfahren 52 152; Rechtshilfeverweigerung 52 14; Revisionsverwerfung 55 54
Oberreichsanwalt, Anfechtung seiner Bescheide 55 34; Untergebener des Reichsjustizministers 57 221
Oberschlesien, Abänderung von Rechtsmittelfristen 55 62; Straferlaß 55 118
Obhut 45 80, 57 7, 79
Objektives Verfahren 52 25, 115, 147, 53 98, 54 7, 60, 55 17
Obrigkeitliche Anordnung 55 4
Obstwein 47 36; s. auch Wein
Offenbarungseid 45 110, 46 40, 49 92, 60 19, 27, 32
Offene Handelsgesellschaft, Branntweinsteuer 47 27; Höchstpreisüberschreitung 51 70; Konkurs 46 21; Strafbescheid 57 78; Verletzung des Zahlungsverbots 49 82; Warenzeichenverletzung 52 44
Öffentliches Amt, Justizanwärter 52 140
Öffentliches Angebot, bindende Wirkung 50 55
Öffentliche Anreizung 50 106
Öffentlicher Aufzug s. Aufzug
Öffentliche Ausspielung 60 82
Öffentliche Behörde, Handelskammer 52 100
Öffentliche Bekanntmachung, Preistreiberei 53 43
Öffentliche Beleidigung 46 19
Öffentlicher Friede, Gefährdung 54 16
Öffentlicher Ort, Druckschriften 50 25
Öffentliches Recht 49 112
Öffentliches Register, Urk.-Fälschung 49 8, 18, 60 56; s. Urkunde öffentliche
Öffentliche Zusammenrottung, Teilnahme 53 22, 54 40
Öffentlichkeit, Augenscheinsnahme 47 97; Ausschließung 53 109, 57 18, 132, 60 61, 95; Beleidigung 58 26; Beunruhigung 49 93; Grenzen beim Gerichtsverfahren 52 66; grober Unfug u. Sittlichkeitsvergehen 53 70; Hauptverhandlung 54 103;

Lotterie **60** 126; Sittlichkeitsvergehen **51** 62; Urteilsverkündung **55** 57; des Verfahrens **47** 116; Verhandlung **47** 106, **48** 61; vor dem Jugendgericht **59** 118; unzüchtige Handlung **49** 38; Wiederherstellung **53** 153; Zusammenrottung **54** 40

Offizier, falsche Berichte **52** 166

Offizierskorps, Beleidigung **52** 77

Ölersatz, Nahrungsmittelfälschung **50** 117

Ordnungsstrafe, Kaliverteilungsstelle **47** 100; Konterbande **51** 140; Zigarettensteuer **50** 82; Zolldelikt **54** 71; s. a. Stempelhinterziehung

Ordnungswidriges Benehmen, Angeklagter **54** 51

Ort, öffentlicher, Druckschriftenverteilung **50** 25

Ort der Tat **48** 42, 43, **57** 74; s. a. Tatort

Örtliche Geltung, Höchstpreise **50** 59

Örtliche Unzuständigkeit, Rüge **59** 45

Örtliche Zuständigkeit **55** 102

Ortskrankenkasse, Versicherungsbetrug **53** 154

Österreich, Ausfuhrverbot **50** 90, **52** 160

Österreichisches Recht, Abtreibungsversuch **54** 117

P.

Packetsortierer, Postbeamter **51** 130

Papiergeld, Münzfälschung **51** 134, **54** 130, **58** 121

Parteiführer, Teilnahme am Landfriedensbruch **55** 139

Parteiverrat **45** 72, **49** 102, **51** 76, **58** 117, **60** 104, 105

Paß, öffentliche Urkunde **60** 56

Paßvergehen **57** 74, **58** 118, **60** 16

Patentamt, Zuständigkeit **49** 54

Patentanmeldung **45** 77

Patentberühmung **46** 70, 123, **49** 61

Patentgesetz, Verhältnis zum Wettbewerbsgesetz **49** 61

Patentverletzung **49** 54, 61

Person, Fragen zur **45** 103; unerwachsene **47** 116

Personalausweis **60** 44

Personenbeförderung **45** 34

Personengesamtheit **56** 124, 182

Personengleichheit, Betrug **51** 61

Personenhehlerei **49** 115, **57** 177

Personenmehrheit, Beleidigung **52** 77

Personenstand **56** 69, **57** 71

Personenverwechslung **55** 12

Persönliche Begünstigung **54** 159

Persönlicher Gebrauch s. Urheberrecht

Persönliche Verhältnisse, Feststellung **53** 91

Persönlichkeitsrecht **49** 17

Pfandbesitzer, Hehlerei 55 46
Pfandleiher, Untreue 48 73
Pfandnahme, Hehlerei 54 171
Pfandrückgabe 48 73
Pfändung 56 185
Pfändungsprotokoll 60 13
Pferdefleisch, Einfuhr 45 107
Pferdeinfluenza 48 78
Pflanzenfett 46 44; s. a. Kunstspeisefett, Margarine
Pflegebefohlener 58 5
Pflegeeltern, Entführung 48 126; Mißbrauch der Stellung 46 42
Pflegekind 58 29
Pfleger, Strafantrag 50 43
Pflegliche Behandlung beschlagnahmter Sachen 50 105
Pflichtenwiderstreit 51 70
Photographie als Beweismittel 47 73
Plakate, unl. Wettbewerb 48 32
Plombenverschluß, Urkundenfälschung 50 56
Plünderung 50 7, 52 18, 57, 53 156, 54 131, 56 125, 58 114, 60 48
Politische Gründe 58 183
Politische Körperschaft, Beleidigung 47 17
Politische Notwehr 56 132
Politische Straftat, Auslieferung 59 100
Politisches Vergehen 60 72
Polizei, Beschlagnahmerecht 52 56; Paßvergehen 60 16
Polizeibeamter 60 3; Ausschluß vom Richteramt 55 141
Polizeibehörde 59 17
Polizeidelikt, Verschulden 49 30, 31
Polizeigefängnis, Aufnahmebuch 49 16
Polizeiliche Anordnung 48 37, 78; teilweise Unwirksamkeit 59 125; Viehseuchen 46 15, 83, 110; s. a. Seuchenpolizei
Polizeiliche Beschlagnahme, Zollvergehen 51 78
Polizeiliche Maßnahme, Einschaffung in eine Besserungsanstalt 53 100; Einziehung 53 175; Unterbrechung des Fortsetzungszusammenhang. 53 20
Polizeiliches Protokoll 54 8
Polizeiliche Strafverfügung 46 14; Strafklageverbrauch 47 91; Verjährungsunterbrechung 59 3
Polizeiliche Vernehmung 54 25
Polizeiliche Vorschriften, Abweichung 60 38
Polizeistunde, 49 25, 29, 88; geschlossene Gesellschaft 50 107
Polizeiverordnung 45 7, 43; öffentliche Ankündigung von Heilmitteln 47 34; ungültige 47 26, 56 182
Polizeivorschrift 59 107, 130
Portohinterziehung 48 49; Feldpostbetrug 51 87; Zusammentreffen mit Betrug 51 87; Zusammentreffen mit Urkundenfälschung 51 87
Postagent 54 88
Postanweisung 49 121

Postaushelfer, Amtsunterschlagung **51** 24; Beamteneigenschaft **49** 28, **51** 24, 130, **52** 161; Mundraub **51** 24
Postbeamter **57** 6; Bestechung **47** 20; Briefunterdrückung **47** 20; Urkundenunterdrükkung **49** 34
Postdiebstahl **54** 54
Postgebäude, Diebstahl **49** 78
Postgesetz, Portohinterziehung **51** 87
Postillion, Beamter **51** 43
Postpaketadresse, Urkundenfälschung **52** 98, **55** 151
Postpaketkarte, Zustellvermerk als öffentliche Urkunde **53** 123
Postpaketunterdrückung **52** 130
Postpaketverkehr **60** 6
Postportohinterziehung **46** 14
Postsachen, Amtsunterschlagung **54** 104
Postsendung, amtliche Aufbewahrung auf Kleinbahnen **53** 120
Poststempel **58** 65
Postzug **60** 149
Postzwang **45** 4, 39, **46** 9, **47** 72, 95, **57** 152, **58** 4, 81, 139, 173, 179, **59** 6, 74; s. a. Beförderungsanstalt
Pottasche, Ausfuhr **50** 90
Prävarikation, s. Parteiverrat
Preisaushang, Unterlassung **49** 31, 42
Preisauszeichnung, Urkundenfälschung **53** 183
Preisfestsetzung, behördliche **59** 77
Preisfordern, Vollendung der Preissteigerung **50** 130
Preishochhaltung **58** 181
Preisliste, Urkundenfälschung **52** 88
Preisrätsel **55** 152, **60** 135
Preisschilderzwang **58** 152, 163
Preissteigerung **55** 7, 45, 77, 147, **58** 122, 156; innerer Tatbestand **54** 2
Preistreiberei **54** 34, 46, 58, 126, **56** 36, 123, 146, 149, 155, **57** 22, 46, 51, 112, 114, 150, 154, 196, 223, **58** 38, 60, 82, 101, 150, 181, **59** 25, 27, 85, **60** 5
Preisvermerk **50** 103
Preiswucher **50** 18, 24, 31, 39, 51, 60, 66, 67, 69, 81, 86, 91, 97, 103, 108, 113, 116, 117, 118, 130, 131, 137, 139, **55** 80, **58** 110, 147, **59** 71, 77, 98, 99, 104, 115
Presse, Beleidigung durch **56** 186, **59** 134; Veröffentlichung amtlicher Schriftstücke aus einem Strafprozeß **47** 77
Pressefreiheit **55** 47
Pressesachen **49** 35, 110
Pressevertreter, Teilnahme am Landfriedensbruch **55** 139
Preßgesetz **45** 33
Preßvergehen **45** 33, 106, **58** 116; Verjährung **53** 105, **59** 67, 69
Preußen s. Landesrecht
Private Beförderungsanstalt **58** 139

Privatklage 45 50, 57 178; Übernahme durch den Staatsanwalt 46 36; Verweisung 46 47
Privatkläger, Ablehnungsrecht 52 152
Privatmarkt 49 85
Privatunterricht 46 84, 88
Privaturkunde, Absendervermerk, amtlicher 51 87; Anlegeattest 52 93; Beweiserheblichkeit 52 88; Bezugsschein 52 8, 163; eidesstattliche Versicherung 52 40; Frachtbrief 52 98; Gesamturkunde 52 43, 117; Lebensmittelbuch 52 124; Speisekarte 52 88; Stempelaufdruck von Fabrikkontrolluhren 52 35; Vermögensvorteil 52 163; Viehhändlerkontrollbuch 52 43
Probefahrt 45 34, 46 27, 58 91
Proben, Verstrickungsbruch 48 107
Prokurist, Nichterfüllung von Heereslieferungsverträgen 50 27; Steuerhinterziehung 54 29
Prolongation 49 58
Prospekt, unwahre Angaben 49 110
Protokoll 56 12, 31, 54, 97, 131, 57 195; Berichtigung 59 140; Diktat an den Gerichtsschreiber 52 143; Gerichtsbesetzung 53 130; des Gerichtsschreibers 48 26; Hauptverhandlung 49 91; kommissarische Vernehmung 49 51, 105, 110; Kurzschrift 55 1; Revisionsbegründung 53 82; richterliches 45 44; Unterschrift des Gerichtsschreibers 53 50; Vereinbarung über gemeinschaftliches Ablehnungsrecht 53 49; Verlesung 50 32, 124, 55 122, 58 41, 49; Verlesung kommissarischer Zeugenaussagen 52 47; Vorhalt 59 50; Zeugenvernehmung, ausländische 46 13; Zeugenvernehmung durch den Gerichtsoffizier 52 1
Provision 60 82; Preissteigerung 51 10, 41, 56, 57, 127, 141
Prozeßbeschwerde 48 88; Begründung 52 37
Prozeßbetrug 50 23
Prozeßbevollmächtigter, Gebührenüberhebung 53 53
Prozeßkosten, Haftung des Vaters 45 104
Prozeßlage, Verbesserung als Vermögensvorteil 52 48
Prozeßleitung, Verhältnis zur Sitzungspolizei 54 51
Prozeßregister, Gesamturkunde 50 74
Prozeßrüge, Verzicht 47 90
Prozeßverstoß, stillschweigender Verzicht auf Rüge 50 124
Prozeßvoraussetzung 59 100; Strafantrag 51 26
Prüfung, richterliche 56 91, 190, 191, 59 68
Prüfungspflicht, richterliche, Amnestiewirkung 53 132; Anschlußberechtigung zur Nebenklage 53 116

Prüfungsvermerk, amtlicher **51** 45
Pseudonym **48** 72
Publikation, Urteil über Preistreiberei **53** 43; bei Verurteilung in Tateinheit **53** 166; s. a. Urteilsveröffentlichung
Publikum, Anpreisung unzüchtige **46** 3, **48** 19, **55** 48; Begriff **49** 93
Putativdelikt **47** 59; s. a. Wahnverbrechen
Putativnotwehr **46** 94, **60** 86; s. a. Notwehr vermeintliche

Q.

Quittungsstempel **48** 21

R.

Rabatt, unl. Wettbewerb **50** 4
Rädelsführer, Landfriedensbruch **60** 116
Radieren, Urkundenfälschung **52** 53
Radium, Arzneimittel **57** 56
Räterepublik **56** 89
Raub **46** 113, **56** 15, 43, 181; **60** 24, 94; schwerer **54** 100, 116; Tateinheit mit Erpressung **55** 135; Tateinheit mit Mord **56** 9; mit Todesfolge **56** 184
Räuberischer Diebstahl **60** 133
Räuberische Erpressung **60** 94
Raubmord **59** 92, **60** 61
Raufhandel **59** 32, 39, 88
Raum, geschlossener, Druckschriftenverteilung **50** 25; umschlossener, Bahnhofhalle **55** 83; Diebstahl **54** 11, 26; Eisenbahnwagen **51** 136; Freihafengebiet **56** 49
Realkonkurrenz s. Tatmehrheit
Recht, fremdes **45** 79
Rechtliche Beurteilung, Änderung **48** 4
Rechtlicher Gesichtspunkt, Freisprechung **52** 132, **53** 77; Hinweis **58** 25; Veränderung **50** 3, **51** 44, 48, **52** 127, 131, **53** 44, 100, 184, **54** 159, **55** 41, **59** 138, **60** 10
Rechtliches Gehör **55** 63
Rechtsagent, Parteiverrat **51** 76
Rechtsanwalt, Beleidigung des Gerichts **47** 51; ehrengerichtliches Verfahren **52** 152; Handakten **48** 118; Parteiverrat **49** 102, **51** 76
Rechtsbeistand **45** 72
Rechtsbelehrung, Nachtrag **54** 92
Rechtsberater Sachwucher **45** 45
Rechtsbeugung **57** 21
Rechtserheblichkeit, Urkundenfälschung **53** 71, 80
Rechtsfähiger Verein, Strafantragsrecht **49** 17
Rechtsgeschäft, nichtiges **56** 31
Rechtsgültigkeit, Nachprüfungsrecht **49** 88
Rechtshängigkeit **46** 61, **52** 136, **56** 128, **58** 40; Einziehungsanspruch bei Niederschlagung **53** 37; gnaden-

weise Niederschlagung **50** 133; mehrfache **55** 102
Rechtshilfe 46 50; Verweigerung **50** 72, **52** 14; militärgerichtliches Verfahren **52** 14
Rechtsirrtum 46 7, 40, 52, **50** 70
Rechtskraft 55 54, **56** 86, 169, **57** 27, **59** 80; Berufungsurteil **51** 86; Einstellungsbeschluß **48** 29; Einstellung, versehentliche **51** 123; Einzelhandlung u. fortgesetztes Delikt **51** 82, 85, 86; Gesamtstrafe **46** 51, 99; Klageverbrauch **52** 72, 91, 125, 136; relative **45** 13, **54** 79; Revisionsurteil **51** 86; Strafbefehl **50** 71, **51** 85, **53** 176; Wiedereinsetzung **53** 164
Rechtsmißbrauch, Zeichenschutz **46** 6
Rechtsmittel 45 13, 30, 63, 76, 105, **46** 99, **53** 100, **58** 15, 149, **59** 24, **60** 8; gesetzlicher Vertreter **47** 48; Kosten **51** 31
Rechtsmittelbeschränkung 58 166, **60** 63, 65; wirkungslose **59** 102
Rechtsmitteleinlegung 60 124, 125
Rechtsmittelfrist, Abänderung für Oberschlesien **55** 62; Wiedereinsetzung **54** 138
Rechtsmittelrüge 53 24
Rechtsmittelverzicht 57 45, **59** 80; stillschweigender **50** 124
Rechtsnachfolge 58 158
Rechtsnachteil 45 70, **60** 59
Rechtspflege, Stillstand und Revisionsbegründungsfrist **53** 170
Rechtsvermutung, Steuersachen **56** 25, 146; Zollhinterziehung **50** 30, **56** 6, 136
Rechtswidrige Absicht, Urkundenfälschung **47** 62, **53** 71
Rechtswidrige Zueignung, Diebstahl **52** 71
Rechtswidriger Angriff 55 44, 88
Rechtswidrigkeit, Abtretung von Kuxen **46** 41; Ausübung öffentlicher Gewalt **59** 130; Bewußtsein **48** 41, **56** 199, **57** 211, **60** 18; Nötigung **54** 66; Urkundenfälschung **52** 48; Vermögensvorteil **52** 48
Rechtzeitigkeit, Strafantrag **51** 26; Revisionsbegründung und Wiedereinsetzung **52** 42
Redakteur, Urheberrecht **48** 100; verantwortlicher **58** 116
Reformatio in peius 53 17, 86, **57** 64, **58** 111, 149, **59** 72, 76, 96
Regeln der Baukunst 47 131
Regierungsmitglieder, Republikschutz **57** 216
Register 58 112, **60** 6, 108
Register, öffentliches, Anmeldekartothek **60** 56; Asservatverzeichnis **52** 140; Gefangenenverzeichnis **52** 68
Registrierkasse, Urkundenfälschung **55** 60

Reichsbahn 60 55
Reichsbahnbeamte 60 2
Reichsgebiet 56 94, 104, 144, 145
Reichsgericht, Rechtshilfeverweigerung **52** 14
Reichsminister 56 86
Reichspräsident, Befugnisse **56** 86; Verordnungsrecht **55** 67, **59** 17
Reichsrecht 59 68; Verhältnis zum Landesrecht **56** 30, 91
Reichsregierung 58 181
Reichsstempelabgabe 58 188
Reichsstempelgesetz 47 2, 108
Reichstagsabgeordneter, Verjährung der Strafverfolgung **52** 20
Reichsteuerungszahlen, Preistreiberei **59** 27
Reichsverfassung, Eidesverweigerung der Richter **55**; Einheit des Zoll- und Handelsgebiets **52** 64
Reichsverordnung 58 58
Reichswehr, Beschwerderecht **58** 129
Reifezeugnis, öffentl. Urkunde **60** 131
Reingewinn, Preissteigerung **51** 10, 17, 27, 40, 41, 46, 57, 60, 88, 92, 102, 106, 107, 110, 115, 117, 120, 122, 126, 127, 129, 141
Reisebedarf 56 35
Reisender, Untreue **47** 132
Reklame, unlautere 45 88, 89, **46** 11, 74, **48** 32, 99, **50** 4; Ankündigung **47** 63; bes. günstiges Angebot **47** 82; Schaufensterdekoration **47** 49
Religionsgesellschaft 46 8, 97; Einrichtung **47** 40
Religionslehrer, Unzucht mit Schülern **51** 23
Religionsvergehen 59 145
Renntips 46 128
Rennwetten, gewerbsmäßige **46** 48; Glückspiel **47** 112; s. a. Totalisator
Rennwettsteuer 60 20
Rennwettvermittlung 48 57
Republikschutz 57 97, 108, 198, 207, 210, 216, 219, **58** 104, 115, **59** 58
Restitutionsklage 58 169
Reue, tätige 45 41, **49** 116, **56** 48, 166, 187, **57** 151, 160, **58** 39, 87, 89, 171, **59** 41
Revision 48 26, 30, 36, **54** 6, 35, 47, 68, 74, 88, 91, 122, 136, 141, 166, **56** 16, 24, 31, 56, 83, 107, 110, 161, **57** 128, 144, **60** 124, 125; Antrag **48** 99, **60** 25; Antrag auf Wiedereinsetzung in den vorigen Stand **50** 77; Begründung, Eventualerklärung **53** 24; Form **53** 82; Protokollmängel **48** 88; Wiedereinsetzung **53** 164; Zuständigkeit **48** 40; Begründungsfrist **48** 40, 70, **52** 42; Beginn der Begründungsfrist **47** 31; Beschränkung **45** 30, **51** 107, **54** 32; Beweiswürdigung **51** 57; Einlegung, Wiederholung **53** 126; Einziehung **55** 154;

Gericht, Anordnung der Einziehung **53** 138, Aufgabe **47** 2, Berücksichtigung der Amnestie **53** 18, 19, 26, Einstellung wegen Verjährung **53** 157, Nachholung der Unterschrift des Gerichtsschreibers **53** 50, Nachprüfung der Anschlußberechtigten des Nebenklägers **53** 116, Zuständigkeit **47** 115, **59** 21; Grenze **49** 45; Grund **48** 117; Kostenpflicht des gesetzlichen Vertreters **53** 172, 189; Kostenpunkt **51** 31; Rüge, Bestimmtheit **53** 102; Eventualerklärung **53** 24; Sitzungsprotokoll **52** 37; Strafbemessung **51** 57; Umfang **48** 34; Unzulässigkeit **55** 54, 115; Unzuständigkeitserklärung **50** 7; Veränderung des rechtl. Gesichtspunktes **46** 122; Verwerfung **55** 54, 57, **59** 136; Vollmacht des Anwalts **46** 100; Vormund, Kostenhaftung **46** 38; Zurücknahme **55** 115; Zurücknahme des Verwerfungsbeschlusses **55** 133; Zuständigkeit **52** 19; Zweckmäßigkeitsfragen **51** 46

Revisionsinstanz, Niederschlagung **52** 141; Strafmaßberücksichtigung **52** 157

Revisionsurteil, Klageverbrauch **51** 86

Revolution **56** 89

Richterablehnung **52** 152, **54** 164, **55** 30, **58** 136, **60** 21, 47; Assessor als Hilfsrichter **60** 85; Ausschließung **49** 123, **54** 156, **55** 65, 101, 141, **59** 37, 89, **60** 113; ersuchter **57** 165, s. a. Amtsrichter, Ablehnung, Ausschließung, Untersuchungsrichter; Hilfsrichter **56** 41; Prüfungsrecht **56** 91, 190, 191, **59** 68; Staatsanwalt als Richter **60** 12; Täuschung durch Betrug **50** 23; Untersuchungsrichter **56** 170; Verweigerung des Verfassungseides **55** 30

Richtereid, Wirkung des Thronverzichts **52** 181

Richterliche Handlung, Rechtshilfe **46** 50; Verjährungsunterbrechung **52** 20

Richterlicher Vorhalt, Geständnis **52** 126

Richtige Angabe, Steuerrecht **56** 197

Richtpreis **59** 85

Risikoprämie, übermäßige Preissteigerung **50** 66, 116, 118, 130, 139, **52** 30, 54, **58** 38, **60** 53, 91

Rohstoff, Preiswucher **50** 70

Rosinen, Weinfälschung **50** 15

Rückfahrkarten **58** 83

Rückfall, amtsrichterlicher Verweisungsbeschluß **52** 158; Anrechnung einer Begünstigungsstrafe **49** 115; Begehungszeit des fortgesetzten Betrugs **47** 92; Betrug **54** 138; Branntweinsteuerhinterziehung **60** 137; Diebstahl, Mundraub **47** 42; Fristberechnung **48** 7; in-

nerer Tatbestand **54** 133; militärische Strafe im besetzten Gebiet **54** 28; Rechtskraftwirkung von Strafbefehlen **52** 125; Revisionsbeschränkung **54** 74; Straferkenntnis eines ehemals deutschen Gerichts **57** 192; Strafverbüßung **52** 96; Tabaksteuerhinterziehung **56** 96; Tilgung von Strafvermerken **56** 33, 38, **57** 203; Verjährung **50** 73, **60** 73; Wiedereinsetzungsgesuch **54** 138; Zollvergehen **49** 33, 57

Rücktritt vom Versuch, Abtreibung **52** 90, **56** 102, **57** 139, 143; eines Beteiligten **47** 111, **54** 73, **59** 133; Betrug **45** 41, **51** 72, **58** 140; Diebstahl **45** 3, **55** 36, 59; Sittlichkeitsverbrechen **47** 22; übermäßige Preissteigerung **50** 130; Urkundenfälschung **54** 162, **56** 78

Rücktritt vom Vertrag **49** 27

Rückverbesserung gezuckerter Weine **49** 13

Rückwirkung, Einziehungsvorschrift **52** 105; Steuerrecht **52** 177, 178; von Strafgesetzen **57** 26, 58, 211, **58** 181

Rüge, Verzicht **50** 124, **55** 65

Ruhen von Strafverfahren **52** 73, 150; der Verjährung **52** 20, 29

Rum, Kettenhandel **51** 104

Rußland, Ausfuhrverbot **52** 144, 146; Zahlungsverbot **49** 69, **53** 134

Russisch-deutscher Friedensvertrag, Amnestie **52** 122

S.

Saargebiet **56** 94, 144, **57** 88, 150, **60** 126

Sachbeschädigung **54** 1, **55** 33, 90, **57** 151, **58** 157; Strafantragsrecht **51** 32

Sacheinlagen, Überbewertung **49** 101

Sachen, amtlich übergebene, Beiseiteschaffen **50** 134

Sachenrecht, Einfluß beim Diebstahl **52** 69

Sachhehlerei **52** 165, **54** 59, **55** 31, 159

Sachliches Zusammentreffen s. Tateinheit

Sachverständiger **54** 123, **57** 81; Ablehnung **47** 75, **51** 16; Ablehnung erneuter Vernehmung **55** 53; Ablehnung von Fragen **51** 74; Anwesenheit bei Vernehmung eines anderen **52** 78; Beeidigung **45** 92; Beeidigung von Mennoniten **52** 33; Berufung auf den Eid **49** 68; Beweisablehnung **52** 32; Zeugeneid **53** 152, **55** 100

Sachwucher **45** 45

Sakristei **45** 56

Sammelbehauptung **55** 73

Sammeltatbestand **48** 101

Sammelvergehen 55 11, 57 204, 58 165; Klageverbrauch 52 72; Rechtskraftwirkung 51 82
Samoswein 49 83
Sandgrube, Baukunstregeln 47 131
Schaden, weiterer 57 151
Schadenersatz 56 156, 60 7 Körperverletzung 55 103
Schädigungsabsicht, Urkundenfälschung 53 150
Schallplatte, Verbreitung unzüchtiger Schriften 47 69; unzüchtige Darstellung 47 126
Schankstube, Polizeistunde 50 107
Schankwirtschaft, Handel mit Diebsgut 53 96; Ruhepausen 47 14
Schaufensterdekoration, unl. Wettbewerb 47 49
Schaumwein, Fälschung 50 61; Gegenstand des tägl. Bedarfs 53 56
Schaumweinsteuer 47 67
Scheck 56 63
Scheinbare Mitwirkung 56 11
Scheingeschäft 52 157
Scheinübertragung, Untersagung des Gewerbebetriebs 50 85
Schenkung 46 65; bedingte Annahme 57 19; Steuerhinterziehung 54 29; Verfallerklärung bei Bestechung 51 34
Schießen an bewohnten Orten 48 97
Schießverbot 55 142
Schiffahrtsangestellte, Zolldelikt 54 33
Schiffszusammenstoß 57 104
Schlafen eines Gerichtsmitglieds 60 29
Schlafwagengesellschaft 59 6
Schlägermensur 60 84
Schleichhandel 48 80, 52 10, 55, 133, 54 42, 59, 63, 64, 107, 150, 173, 55 11, 15, 68, 79, 81, 106, 154, 56 24, 34, 57, 134, 57 4, 12, 94, 58 44, 119, 59 45, 60 65; Amnestie 53 29; Arzneimittel gefälschte 58 6; Begriff 53 169; Butter 51 91
Schleichhandelsware, Einziehung 55 154; Gewerbsmäßigkeit 53 29; Schlachtvieh 53 32
Schließfächer 58 179
Schlüssel, falscher 47 99
Schlußscheinzwang 52 149, 54 96, 55 64
Schmiergelder 48 90, 55 17, 56 127, Unkostenansatz bei Preistreiberei 50 137; unl. Wettbewerb 47 57, 50 29; 51 7; Verfallerklärung 53 178
Schmuggel 47 117, 49 5, 51 91, 52 16, 120, 54 79, 115
Schmuggelware 56 151
Schneeballensystem 60 82
Schöffe, Gesellschafter einer offenen Handelsgesellschaft 46 21
Schöffengericht, Besetzung 59 22, 97; gemeinsames 60 115; Verbindung mit Be-

rufungsinstanzsachen **48** 91; Verweisungsbeschluß **49** 51
Schreckschüsse, Nötigung **60** 57
Schriftform **46** 41, **57** 144, **58** 182
Schriftwerk, Nachdruck **46** 45; s. a. Urheberrecht
Schuldausschließung wegen Irrtums **49** 112
Schuldbeweis **46** 22
Schuldfrage **46** 19
Schuldvermutung **45** 69
Schuldverschreibung auf den Inhaber **58** 182, **60** 126
Schüler, Unzucht mit **52** 39, **53** 104
Schulzeugnis, Verlesbarkeit **53** 160
Schußwaffe **60** 90; Zweikampf **52** 34
Schutzhaft **58** 45
Schutzmittel, Anpreisung **55** 48
Schutzverband, Strafantrag **46** 11, 86
Schwägerschaft **56** 202, **60** 81
Schwangerschaft, Irrtum **47** 18
Schweigepflicht des Arztes **57** 34
Schweiz, Auslieferungsrecht **49** 65, **54** 50
Schwerbeschädigte, Beschäftigung **60** 28
Schwerer Diebstahl s. Diebstahl schwerer
Schwerer Landfriedensbruch s. Landfriedensbruch, schwerer
Schwere Urkundenfälschung s. Urkundenfälschung schwere
Schwerste Strafe **59** 72
Schwerstes Strafgesetz **53** 10, 17, 23, 36, 40, **54**, 111, 137, 138, 143, **54** 18, 70, 104
Schwurgericht, Ablehnungsrecht **53** 49; Aufhebung der Feststellungen in der Revisionsinstanz **53** 109; Ausschluß der Öffentlichkeit **53** 109; Beweisanträge **46** 75; Beweisaufnahme **49** 19; Berichtigungsverfahren **53** 47, 76, 122, **54** 80, 81, 152, 157, **56** 16, **57** 139; Besetzung der Geschworenenbank **53** 109; Fortsetzungszusammenhang **53** 122; Fragestellung **49** 118, **56** 108, mildernde Umstände **47** 53, Spruchberichtigung **47** 58, 102, Verjährung **47** 119, s. a. Fragestellung, schwurgerichtliche; Hilfsantrag **54** 111; Hilfsschöffen **60** 146; Landfriedensbruch **53** 156; Meineid **59** 10; Mordversuch **53** 193; Nebenfragen **46** 19, **53** 99; Rechtsbelehrung **54** 92; Stimmenverhältnis **53** 122; Tötung auf Verlangen **53** 168; Urteil ohne Geschworene **53** 109, **57** 132; Verkehr mit Geschworenen **54** 112; Vertretung des Vorsitzenden **60** 114; Zusammentreffen, einheitliches **53** 142; Zusatzfrage **53** 142; Zuständigkeit in Pressesachen **49** 35
Schwurgerichtssitzung, Ort **51** 46
Seemann, Gehorsamsverweigerung **48** 123

Seestraßenordnung 45 99, 57 104
Sehvermögen, Verlust 58 84
Selbstanzeige 60 100
Selbstbegünstigung 57 219, 60 43; straflose 60 120
Selbstbeleidigung 54 153
Selbstbezichtigung 59 14
Selbsthilfe 60 3; Amtsmißbrauch 53 161
Seuchengefahr, verbotener Hausierhandel 50 55
Seuchenpolizeiliche Anordnungen 48 78, 109, 49 57, 81, 85, 111, 114; Anzeigenpflicht 47 64, 78; Blankettgesetz 47 28; Eigentumswechsel 47 54; Fortdauer 47 30; Hausierhandel mit Tieren 47 107; Nichtbefolgung fahrlässige 47 41; tierärztliche 47 52; Unkenntnis 47 83; Viehkontrollbücher 47 15; s. a. Gehöftsperre
Sich erbieten 57 196; Schleichhandel 59 45
Sich vergreifen 56 171
Sicheres Geleit 59 37
Sicherheit, öffentliche 49 25
Sicherheitsleistung 59 41
Sicherung der Baugläubiger 48 101
Sicherungsgeld 60 78
Sicherungsübereignung, Betrugsversuch 50 9; Untreue 48 73
Siegelbruch 48 107
Silbermünzen 56 74, 147
Sinnesänderung 57 101
Sittlichkeitsverfehlungen 49 38, 47, 65, 52 39, 92, 57 70, 79; Rücktritt vom Versuch 47 22
Sittlichkeitsvergehen, Ärgerniserregung 51 62; Öffentlichkeit 51 62; Verhältnis zum groben Unfug 53 70
Sitzungsperiode 58 124
Sitzungspolizei 54 51, 103
Sitzungsprotokoll 55 12, 56 161, 57 18, 86, 165, 206, 58 28, 69, 60 92; Beweiskraft 46 33, 52 37, 53 130, 58 170; Beweismittel 47 73; Mängel 48 88; Widerspruch zu den Urteilsgründen 49 91
Soldatenrat 56 68
Söldnervertrag 56 7
Sondergerichte, Gesamtstrafbildung 49 25
Sonntagsarbeit 57 55
Sorge für die Person 58 5
Sorgfaltspflicht, Dachdeckermeister 52 22
Sozialdemokratie 46 43
Sparkassenbuch 49 121; Gesamturkunde 50 74, 51 14
Sparversicherung 60 125
Speisefett, Verkehrsregelung 55 14; Verfälschung 50 63
Spezialisierung, Fragestellung beim fortgesetzten Delikt 51 138
Spezialität, Auslieferung 45 64, 48 48, 49 65, 50 37, 54 50, 55 162, 60 72
Spielbank 57 63
Spielmarke, Urkunde 55 52
Spielplan, Lotterie 55 152
Spionage 49 35, 128, 50 142, 53 4, 58, 55 150, 56 157, 58 1, 2

Spirituosen, Kettenhandel **51** 104
Sprengstoff 45 95; Begriff **48** 24; Lagerung **48** 96; unerlaubter Besitz **55** 121; vorübergehender Besitz **47** 44; verbotene Abgabe **49** 67
Sprengstoffdelikt 52 127, **58** 130, 141, **59** 2, 72
Sprengstoffgesetz 57 169
Spritzusatz 49 83; Weinfälschung **50** 61
Spruch der Geschworenen **45** 57, 86, 100; s. a. Schwurgericht
Spruchberichtigung, schwurgerichtliche **47** 58, 102, **48** 124
Sprungrevision des Staatsanwalts **59** 24
Staatsangehörigkeit, mehrfache **49** 112
Staatsanwalt 48 71, **60** 12; Vertretung **51** 77
Staatsanwaltschaft 58 52; Anfechtung ihrer Bescheide **55** 34; Übernahme der Privatklage **46** 36
Staatsanwaltschaftlich. Hilfsbeamter, Beschlagnahme **52** 56
Staatsdiener, kath. Geistlicher **47** 12
Staatsdienst, mittelbarer **60** 55
Staatsfeindliche Verbindung 54 48
Staatsgesetz, allgemeines **57** 71
Staatsgewalt, Postbetrieb **51** 24; Widerstand gegen **46** 84, 94; s. a. Widerstand
Staatsvertrag 57 33
Stadtrat, Strafantrag **59** 46
Stahl, Gegenstand des tägl. Bedarfs **51** 111
Stallsperre bei Seuchen **49** 114
Standesbeamter, falsche Beurkundung **50** 126
Stellenvermittler 48 17
Stellvertreter 49 31, 39, 40, 66
Stellvertretung 56 28, 133; öffentlicher Versteigerer **57** 123; Strafkammervorsitz **55** 110; Wechselstempel **52** 24
Stempel 48 48; Herstellung von Urkunden **53** 87, 133; Quittungsstempel **48** 21; s. a. Wechselstempel
Stempelabgabe, Befreiung **47** 108
Stempelabdruck, Fälschung **52** 134
Stempelhinterziehung 47 2, **49** 39, 49, 58, 70, 120
Stempelmarke, Fälschung **55** 43, **56** 119, **57** 148, **59** 103
Stenographie s. Kurzschrift
Steuerberichtigung 57 66
Steuerbescheid 57 52, 64; rechtskräftiger **58** 67
Steuerdelikt, Strafenhäufung **54** 129
Steuererklärung 58 186; fortgesetztes Vergehen **50** 19
Steuerfestsetzung 59 129
Steuergefährdung 57 57, 58, 110, **59** 20, 95, **60** 107; fortgesetzte **46** 5
Steuergesetz 56 39, 80
Steuerhehlerei 56 4
Steuerhinterziehung 47 3, **49** 15, 22, 39, 46, 48, 50, 109, **50** 19, 48, **52** 26, 45, 97,

142, 176, 177, 178, **53** 141, **56** 5, 30, 56, 119, 136, 153, 196, **57** 52, 83, 96, 109, 111, 160, 179, 190, 194, **58** 15, 93, **59** 41, 87, **60** 41, 60, 67, 78; Versuch **58** 27
Steuerkarte **60** 60
Steuermarke **57** 148
Steuern **48** 7, 66, 93, 108, 110, 116; Begriff nach der RAbgO. **55** 84
Steuernachsicht **56** 13, 197, 198
Steuerpflichtiger, Wahrung dessen Angelegenheiten **57** 110
Steuersachen, Erkundigungspflicht **57** 168
Steuerstrafverfahren **58** 138, **60** 33, 69
Steuervorteil **57** 202, **58** 91
Steuerzahlung, verspätete **60** 67
Steuerzeichen **56** 119, 135; Verfälschung **57** 215; Zigarettensteuer **50** 82
Stickerei **46** 46
Stillegung lebenswichtiger Betriebe **55** 67
Stillschweigen **45** 93
Stimmenkauf **47** 21, **48** 23
Stimmenverhältnis, Angabe des **60** 102
Strafanrechnung **54** 60
Strafantrag **45** 26, 88, **57** 44, 73, 135, 221, **58** 96, 158, **59** 46, **60** 96; Abschrift **48** 82; Amnestie **54** 1; Beleidigung **50** 43, 104, **51** 23; Beweiserhebung **51** 26; Diebstahl **50** 11; fortgesetzte Handlung **46** 63, 124; Hausdiebstahl **46** 92; Heeresgutbeschädigung **51** 32; Kenntnis der Tat **51** 23; nachträgliche Stellung **52** 105; Nahrungsmittelentwendung **51** 79; Notdiebstahl **46** 73; Pfleger **50** 43; Prozeßvoraussetzung **51** 26; Rechtzeitigkeit **47** 74, 104; Schutzverband **46** 11, 86; Tätermehrheit **54** 139; Verleger **46** 16, **49** 7; unl. Wettbewerb **49** 17, 53; Unterschlagung **49** 52; Verzicht **46** 98; vorgesetzte Behörde **46** 57; Vormund **49** 60; Vorstand der Aktiengesellschaft **47** 104; Zolldelikt **52** 105; Zurücknahme **48** 54, **49** 130, **52** 101; Zurücknahme vor der Polizeibehörde **55** 13
Strafanzeige **57** 31; Beilage einer eidesstattlichen Versicherung **47** 47; Urkundenfälschung **53** 150
Strafaufhebungsgrund **57** 3
Strafausmessung, Berücksichtigung gelöschter Strafen **53** 60
Strafausschließungsgrund, Einsicht **53** 73
Strafaussetzung **57** 205; bedingte **58** 95
Strafbarkeit, jugendlicher Personen **58** 62
Strafbarkeitsbedingung, Blankettgesetz **49** 125
Strafbefehl **46** 14, **56** 128; ne bis in idem **50** 71; Rechtskraft **53** 176; Rückfallsdelikt

52 91, 125; Strafklageverbrauch 52 91, 125, 54 137
Strafbemessung 45 28, 53 60, 54 18, 70, 104, 55 29, 60 98
Strafberechnung, Konterbande 52 132; Preissteigerung 52 74; Steuerhinterziehung 48 116; Steuerrecht 52 142, 177, 178; Zigarettensteuerhinterziehung 56 84, 117
Strafbescheid 54 3, 30, 56 17; Zustellung 57 78
Strafe-Androhung 56 179; Gesamtstrafbildung 48 83; gesetzlich niederste bei Glückspiel 47 70
Strafenhäufung 54 27, 29, 79, 141, 57 54, 60 119; Konterbande 52 132; Steuerhinterziehung 52 142; Zollvergehen 49 57; Zoll- und andere Delikte 53 143
Straferhöhung 60 46
Straferhöhender Umstand, Nebenfrage 51 44
Straferlaß, Oberschlesien 55 118
Strafermäßigung, Meineid 58 169, 171, 178, 59 23, 33, 75, 60 26, 45
Straffestsetzung, Übereinstimmung mit dem Urteilssatz 47 32
Straffreiheit 52 122, 141, 59 41, 60 48
Strafgerichtsurteile, öffentl. Bekanntmachung 53 43, 166
Strafgesetz, Änderung während des Verfahrens 49 30, 116, 125, 133, 50 46, 84, 95, 135, 52 171; Auslegung 59 66; Bezeichnung 55 71; mildestes bei Aufhebung eines Gesetzes 47 129; mildestes 53 10, 17, 23, 36, 40, 51, 111, 137, 138, 143, 57 59, 88, 60 49, 127, 137; schwerster Betrug und Nahrungsmittelfälschung 46 72; Unkenntnis 53 3, 9, 13, 27, 39, 65, 133, 179; Wirksamkeit 57 211; zeitliche Herrschaft 46 73, 91, 50 117, 55 93
Strafgesetzbuch, Verhältnis zum Belagerungszustandsgesetz 49 25, 29; Verhältnis zum Landesstrafrecht 50 48; Verhältnis zum Spionagegesetz 49 128
Strafkammer, Ablehnungsgesuch 49 3; Besetzung 46 68; Hilfsrichter 55 123; Vorsitz 54 119, 147, 55 110, 134; Verweisung 50 45
Strafklage, Änderung 49 75
Strafklageverbrauch 45 16, 100, 49 45, 75, 106, 107, 108, 51 82, 85, 86, 123, 53 176, 54 7, 61, 137, 148, 168, 56 86, 128, 158, 57 15, 27, 154, 201, 204, 59 128, 60 20; fortgesetzte Beleidigung 47 124; polizeiliche Strafverfügung 47 91; Rechtskraft von Strafbefehlen 52 91, 125; Sammelvergehen 52 72, 136; Zusammentreffen von Zoll- u. anderen Delikten 52 105

Straflose Nachtat, Amtsunterschlagung 59 64; Verheimlichung nach Ansichbringen 51 66
Straflosigkeit, Konterbande 51 140
Strafmaß 52 127, 157, 59 48, 53; Berücksichtigung in der Revisionsinstanz 51 79
Strafmilderungsgründe, Entscheidung durch die Geschworenen 55 109
Strafmündigkeit 57 107
Strafprozeßliste 45 35
Strafrahmen 46 96, 58 97; Beihilfe 51 41
Strafrechtsirrtum 47 7, 38, 83, 108, 122, 130, 49 54, 112; s. a. Irrtum
Strafregister, Löschung 53 60; s. a. Tilgung
Strafsachen, Verbindung 48 30, 36, 91
Strafschärfung 52 125, 60 119
Straftat, Gleichheit 47 103; mehraktige 59 60; Verjährung 47 103
Straftilgung 53 60
Strafumwandlung 45 79, 53 169, 60 80
Strafunmündiger, mittelbare Täterschaft 53 97
Strafverfolgung, Spezialität u. Auslieferung 50 37; Unzulässigkeit wegen Einstellung 50 128; Unzulässigkeit wegen Rechtskraft 51 82, 85, 86, 123; Verjährung 52 20, 21
Strafverfolgungsbeamte 58 36
Strafverfügung 56 182; polizeiliche 59 3
Strafvermerk, Tilgung 56 33, 38, 138, 150, 57 203, 60 98
Strafvollstreckung, fahrlässige 57 205
Strafzumessung 49 19, 57 197, 59 85, 138
Strafzweck 58 53, 59 19
Straßenbahnkarte 46 116
Streik 59 52
Streikandrohung 55 19
Strohmann 49 95
Stromzähler, Urkundenfälschung 50 56
Sühneversuch 45 50
Süßstoff 49 33, 41, 55, 104; Einführung 46 109; Schleichhandel 54 107
Süßwein 49 84; Fälschung 50 15

T.

Tabak, Kettenhandel 51 104, 53 38
Tabakhandel 54 60, 110
Tabaksteuer 48 108, 50 82, 51 51, 56 66, 96, 57 54, 115, 194, 215, 58 24; Verjährung 52 21
Tabakzoll 52 21
Täglicher Bedarf, Gegenstand 52 4, 7, 85, 137, 169, 56 116, 130, 58 150, 59 99
Tanzlustbarkeit 56 182
Tarifvertrag 46 12
Tat, dieselbe 59 60
Tatbestand, Gleichheit bei Strafgesetzänderung 51 58; Sammeltatbestand 48 101

Tatbestand, innerer, Beamtendelikt **53** 64; schwerer Hausfriedensbruch **51** 139; Höchstpreisüberschreitung **53** 7; Irrtum **51** 71; Kettenhandel **53** 27; Meineidsverleitung **53** 121; Preissteigerung **54** 2; Rückfall **54** 133; Vergiftungsversuch **53** 113

Tateinheit, Amnestie teilweise **53** 24; amtlicher Gewahrsamsbruch und Amtsunterschlagung **58** 154; amtlich. Verwahrungsbruch u. Monopoleinnahmehinterziehung **57** 190; Amtsanmaßung u. Diebstahl **54** 121; Amtsunterschlagung und Amtsurkundenfälschung **59** 106, **60** 129; Amtsunterschlagung und Urkundenunterdrückung **54** 104; Anschuldigung, falsche und Betrug **53** 111; Anstiftung und Beihilfe **53** 103; Anstiftung und Bestechung **55** 98; anzuwendendes Strafgesetz **53** 23, 111, 137; Bandenschmuggel u. Diebstahl **54** 115; Bankerott betrügerischer u. Meineid **60** 98; Bedrohung, Hausfriedensbruch u. Nötigung **54** 139; Begriff **51** 107, **55** 64; Begünstigung u. Beihilfe **58** 7; Begünstigung u. Hehlerei **47** 68; Beleidigung u. Erpressung **51** 52; Beleidigung u. üble Nachrede **55** 73; Beleidigung u. Unzucht mit Kindern **46** 80; Beleidigung u. versuchte Erpressung **49** 108; Besitz- u. Kriegssteuerhinterziehung **52** 76, **54** 32; Bestechung und Diebstahl **56** 26; Betrug u. Amtsurkundenfälschung **60** 79; Betrug u. Branntweinabgabehinterziehung **60** 78; Betrug u. Blankettfälschung **51** 61; Betrug und Höchstpreisüberschreitung **50** 112; Betrug u Nahrungsmittelfälschung **46** 72; Betrug u. Münzvergehen **54** 99, **60** 110; Betrug und Nichteinhaltung von Lieferungsverträgen **51** 113; Betrug u. Paßvergehen **57** 74; Betrug und Steuerhehlerei **58** 15; Betrug u. Urkundenfälschung **54** 35; Brandstiftung u. Sachbeschädigung **57** 151; Brandstiftung u Versicherungsbetrug **60** 52; Diebstahl, militärisch. u. schwerer Diebstahl **59** 11; Diebstahl u. Steuerhinterziehung **55** 58; Diebstahl u. Totschlagsversuch **57** 27; Diebstahl und Übertretung der Seifenverbrauchsordnung **51** 63; Diebstahl und Zollhinterziehung **54** 71; Einheit des Vorsatzes **51** 38; fortgesetzte Beleidigung und fortges. üble Nachrede **59** 134; fortgesetzter Betrug u. schwere Urkundenfälschung u. Urkundenvernichtung **56** 160; Fragestellung **47** 53; Freiheitsberaubung u. Nötigung **59** 96; Freispruch wegen eines

von mehreren Vergehen **50** 119; Gefangenenbefreiung u. Begünstigung **57** 153; Gefährdungs- u Verletzungsdelikt **51** 126; gemeingefährl. Vergehen mit komplottmäßiger Konterbande **45** 47; Gewerbeordnung **47** 14; Hehlereihandlungen **50** 57; Hehlerei u. Begünstigung **55** 41; Hehlerei u. Übertretung der Verteilungsvorschriften **51** 106; Hinterziehung von Branntweinaufschlag u. Freigeld **60** 48; Hochverratsbeihilfe mit schw. Diebstahl, Erpressung und Hehlerei **58** 3; Höchstpreisüberschreitung u. Beschlagnahmebruch **52** 95; Höchstpreisüberschreitung und Schlußscheinausstellung **52** 149; Höchstpreisüberschreitung u. unbefugter Verkauf **51** 107; Höchstpreisüberschreitung u. Verbrauchsregelung **50** 119; Hochverrat u. hochverräterisches Unternehmen **51** 126; Irrtum teilweiser **51** 122; Jagdvergehen u. verbotenes Waffentragen **49** 75; Jugendliche, teilweise Einsicht **51** 122; Kettenhandel u. Preissteigerung **52** 17; Konterbande u. Defraudation **45** 76; Konterbande u. unerlaubte Ausfuhr **52** 156; Konterbande u. Zollhinterziehung **60** 119; Körperverletzung u. Zuhälterei **55** 49; Kredit- u. Leistungswucher **60** 75; Kriegs- u. Zolldelikt **51** 28; Malzhandel u Preistreiberei **51** 110, 122; Meineid u. Urkundenfälschung **60** 123; Mord u. Raub **60** 24; Mord u. schwerer Straßenraub **60** 61; Mordversuch u. schwerer Raub **54** 18; Nahrungsmittelvergehen u. Preissteigerung **50** 117; Nötigung, Sprengstoffverbrechen u. Widerstand **54** 81; Plünderung u. räuberische Erpressung **56** 125; Preissteigerung und Höchstpreisüberschreitung **50** 123; Raub u. Erpressung **55** 135; Räuberischer Diebstahl u. schwerer Diebstahl im Rückfall **60** 133; Raufhandel u. Körperverletzung mit Todesfolge **59** 39; Reichs. u. Landesstempelhinterziehung **49** 120; Schleichhandelsverordnung u. Kettenhandelsverordnung **54** 63; Schleichhandel u. verbotene Ausfuhr **58** 119; schwerer Hausfriedens- u. Landfriedensbruch **55** 21; schwere Urkundenfälschung, versuchter Betrug und versuchte Steuerhinterziehung **60** 60; schwerste Strafe **51** 113; Sittlichkeitsverbrechen u. Beleidigung **45** 84; Spionage u. Landesverrat **49** 128; Sprengstoffdelikt u. Republikschutzgesetz **59** 72; Steuererklärung **52** 142; Tabaksteuerhehlerei u. Hehlerei **57** 54;

Tabaksteuerhinterziehung **57** 194; Tabaksteuer- u. Zollhinterziehung **48** 108, **51** 51; unerlaubter Handel u. Höchstpreisüberschreitung **52** 12; Unfug, grober u. Landfriedensbruch **53** 144; ungleichartige **51** 122; unl. Wettbewerb **45** 11, **60** 25; unl. Wettbewerb u. Patentanmaßung **49** 61; Urteilsveröffentlichung **53** 43, 166; Verabreden von Sprengstoffverbrechen u. Sprengstoffdelikt **58** 141; verbotene Ausfuhr u. Fälschung der Ausfuhrerlaubnis **52** 151; verbotene Ausfuhr u. Vergehen gegen das Viehseuchengesetz **52** 105; Verlassen in hilfloser Lage **59** 123; versuchte schwere Urkundenfälschung u. einfache Urkundenfälschung **58** 100; Vorbereitung u. Ausführungshandlung **51** 126; vorher zugesagte Begünstigung u. Personenhehlerei **57** 177; Zigarettensteuergesetz u. Warenzeichengesetz **45** 68; Zusatzfrage **53** 142; **keine** bei Beamtenbestechung u. unlauterem Wettbewerb **58** 90; Blutschande u Sittlichkeitsverbrechen **57** 70; Meineid u. fahrl. Falscheid **60** 27; Körperverletzung im Amt u. Raufhandel **59** 32; Mord u. Raubmord **59** 92; Notzucht u. geschlechtliche Ansteckung **59** 51; Totschlag u. unerlaubtem Waffenbesitz **59** 113; Urkundenfälschung u. Gebrauchmachen einer verfälschten Urkunde **58** 16; **notwendige**, Kraftfahrzeuggesetz **59** 102

Tätermehrheit, Strafantrag **54** 139

Täterschaft mittelbare, Anzeige unrichtige **51** 59; Diebstahl **48** 18, **57** 140; Münzvergehen **48** 48; Stempelhinterziehung **49** 39; Urkundenfälschung **48** 17; Vergehen gegen das Opiumgesetz **60** 128; Zahlungsverbot **51** 5

Tätige Reue **49** 116, **56** 48, 166, 187

Tätliche Widersetzlichkeit **50** 40

Tatgleichheit **56** 158

Tatirrtum **50** 135, 140

Tatmehrheit, Anstiftung z. Diebstahl u. Hehlerei **51** 38; Ausfuhr verbotene u. Fälschung der Ausfuhrerlaubnis **52** 151; Begriff **53** 20; Beiseiteschaffen u. Höchstpreisüberschreitung **50** 123; Betrug, Diebstahl u. Urkundenfälschung **51** 3; Diebstahl u. Hehlerei **49** 115, **51** 38; Diebstahl u. Übertretung der Seifenverbrauchsordnung **51** 68; **fortgesetzte** Handlung **53** 20; Gläubigerbenachteiligung u. Nichtführung des Baubuchs **48** 35; Haus- u. Landfriedensbruch **55** 21; Heh-

lerei 59 49; Hehlerei u. Betrug 50 78; Kuppelei u. Körperverletzung 55 49; Preissteigerung u. verbotener Handel 51 110; schwurgerichtliche Fragestellung 49 118; Unzucht mit Kindern 53 155; Verkauf unversteuerter gestohlener Zigaretten 55 58
Tatort 47 112; Ausland 54 36; Spionage 50 142
Tatsache, Beleidigung 55 73; neue 56 45, 60 42; Vorspiegelung 56 112
Tatsachenangabe, Sitzungsprotokoll 48 88
Taubstumme, Einsicht 53 191, 57 119; Nichtbeeidigung 47 87
Tauschmüllerei 49 126
Täuschung, Betrug 51 118; falscher Absendevermerk 51 87; Urkundenfälschung 46 64, 59 126
Täuschungsmaßnahme 57 61
Täuschungsmittel 46 25
Tauschvertrag, Stempelpflicht 49 70
Teerfarbstoffe, Nahrungsmittelfälschung 48 105
Teilanfechtung, Veränderung des rechtl. Gesichtspunkts 52 132
Teilausverkauf 45 37, 43
Teilnahme, Abtreibung 60 39; versuchte 56 102; Amtsanmaßung 55 148; Beeidigung 52 3, 57 80, 98, 219; Einsteigen bei schwerem Diebstahl 52 62; fortgesetzte Straftat 48 60; Gefangenenbefreiung 57 219; Tat eines Geisteskranken 52 99; Gewalttätigkeit gegen Sachen bei Zusammenrottung 52 18; Hausfriedensbruch 55 18, 33; an Kaliabsatz 46 60; Kettenhandel 52 139; Konterbande 50 110, 54 52, 118; Landfriedensbruch 55 21, 139; militärischer Diebstahl 59 11; Mord 56 10, 59 119; Nichtbeeidigung 59 59; Nichterfüllung von Heereslieferungsverträgen 50 100; öffentliche Zusammenrottung 53 22; unerlaubte Einfuhr 55 125; unerlaubtes Inverkehrbringen von Kokain 60 128; Urkundenfälschung, versuchte 56 78; Vereidigung von Zeugen 53 90; Vergehen gegen das Wechselstempelgesetz 52 24; Wildern 56 159; Zusammenrottung 56 139; Zusammentreffen mehrerer Teilnahmeformen 53 103; Zuständigkeit 52 110; s. a. Beihilfe, Mittäterschaft
Teilnahmeverdacht 48 27, 54 158; Nichtbeeidigung 50 44, 47; Zeuge 55 131
Teilverurteilung, Tateinheit 52 95
Teilzahlung 60 8
Telefon 57 164
Telegrafenanlage, unbefugte Errichtung 47 101
Telegrafengeheimnis 49 56

Telegrafische Einlegung von Rechtsmitteln **57** 144
Telegramm, Urkunde **46** 77; Urk.-Fälschung **52** 166
Terminsbenachrichtigung **58** 41, **59** 94
Testament, eigenhändiges **57** 118
Textilwaren, Konterbande **51** 105
Thronverzicht, Wirkung auf den Richtereid **52** 181
Tier, jagdbares **46** 32
Tilgung von Strafvermerken **60** 98
Tilgungsreife, Strafvermerk **56** 138, 150
Tod des Verletzten **57** 120
Todesvermutung **57** 142
Tollwut, Bekämpfung **49** 127
Tonkunst, Werke der **48** 39
Totalisator **46** 48, **48** 57; s. auch Glückspiel
Totschlag **57** 35, **58** 105, **59** 4, 113, **60** 31; Fragestellung **54** 17; Nebenfrage nach Mord **51** 44; schwerer **59** 18, 81, **60** 89; Versuch **59** 55, 122
Tötung, fahrlässige **50** 140, **53** 72, **54** 108, 174, **56** 14, **57** 76, **59** 30, 112; Amtspflichtverletzung **51** 22; Gesundbeten **50** 10; Kurpfuscherei **51** 49; ursächlicher Zusammenhang **51** 49; Verhältnis zur vermeintl. Notwehr **54** 20
Tötung, vermeintliche Notwehr **54** 22; Versuch **59** 54
Tötung auf Verlangen **45** 57, **53** 168, **55** 103
Transportarbeiten, Beschäftigung von Arbeiterinnen **48** 85
Transportgefährdung **51** 22, 29, **53** 66, 115
Transportkosten **50** 22, 108
Transportschein, erschlichener **47** 5
Traubenmaische **45** 49, **54** 69
Trauung, kirchliche **57** 71
Trennung, förmlicher Beschluß **52** 67
Tresterwein **49** 62

U.

Überarbeit **55** 39
Übererlös, Einziehung **52** 138, 147
Übergabe, amtliche **54** 114
Überlassen von Sprengstoff **59** 72
Überlegung **48** 50; Mord **51** 44
Übermäßiger Gewinn **49** 119, 131
Übernahme der Privatklage s. Privatklage
Überschuldung, G. m. b. H. **46** 28, **50** 41; unterlassene Konkursanmeldung **51** 9
Übersetzung, Verlesung **51** 36
Übertragung von Ausfuhrbewilligungen **58** 80; des Urheberrechts **48** 100; der Verordnungsbefugnis **46** 15
Überversicherung **45** 24, **48** 52
Überweisung, unzulässige **46** 47
Überweisungskarte **60** 6

Üble Nachrede 50 104, 59 134; Fortsetzungszusammenhang 55 73; Niederschlagung des Verfahrens 52 141

Umherziehen, Handel mit Arzneimitteln 47 4; Viehhandel 47 107

Umsatzsteuer 56 187, 58 97, 125, 59 95

Umschlossener Raum, Einbruchdiebstahl 50 16, 53 151, 54 11, 26, 55 83; Verteilung von Druckschriften 50 25

Umstände, mildernde, s. mildernde Umstände

Umwandlung, Geldstrafe 51 136, 54 145, 56 32, 74; s. a. Strafumwandlung

Umzugskosten 60 101

Unanfechtbarkeit 59 80

Unauffindbarkeit, Zeuge 54 13

Unbedeutender Wert, Mundraub 55 99

Unbefugte Verteilung, Flugblätter 52 36

Unbeglaubigte Abschrift, Verlesung von Zeugenaussagen 50 25

Unbescholtenes Mädchen 46 39

Unbrauchbarmachung 46 119

Unerfahrenheit 60 75

Unerlaubter Handel 58 38, 77, 78, 120

Unerwachsene Personen, Ausschluß der Öffentlichkeit 47 116

Unfallrente 46 117

Unfallverhütungsvorschriften, Revisibilität 52 22

Unfallversicherung 46 121

Unfug, beschimpfender 48 92

Ungehorsam, Aufforderung zum 54 27, 127, 59 52; militärischer, Aufforderung 60 62; Seemann 48 123

Unglaubwürdigkeit, Ablehnung von Zeugenvernehmungen 51 25

Ungültige Ehe, Ehegatte als Zeuge 47 84

Unkenntnis, Strafgesetz 51 5, 52 52, 53 3, 9, 27, 39

Unkosten, abzugsfähige, Preissteigerung 50 22, 118, 130, 131, 137, 139

Unlautere Machenschaften 57 150, 208, 58 101, 59 25, 71, 85, 98, 104, 115

Unlautere Reklame 48 32, 99

Unlauterer Wettbewerb 46 1, 66, 74, 85, 86, 122, 55 17, 56 127, 58 96, 60 25; Änderung der rechtl. Beurteilung 48 4; Anschein eines besonders günstigen Angebots 47 82; Anvertrauen von Vorlagen 48 25; Ausverkauf 47 33, 48 1, 11, 87, 99; Bestechung 48 90; fortgesetzter 49 17; Geschäftsangestellte 49 53; Handelsmißbrauch 48 13; Heilmittelanpreisung 47 34; Rabatt 50 4; Reklame 47 49, 63, 48 32, 99, 50 4; Schaufensterdekoration 47 49; Schmiergelder 47 57, 50 29; Strafantragsrecht 49

17; Ursprungsbezeichnung, falsche **47** 130; Verhältnis zum Patentvergehen **49** 61; Verhältnis zum Warenzeichenvergehen **49** 64; Verrat von Geschäftsgeheimnissen **47** 37, **48** 46, **50** 33; s. a. Handelsmißbrauch, Schmiergelder, Wettbewerb
Unrichtige Besetzung, Schöffengericht **59** 22, 97
Unsittliche Handlung **47** 120; s. a. Sittlichkeit, Unzucht
Unsittlichkeit, Versuch zur Verleitung **52** 92
Unstatthafte Befriedigung, Gläubigerbegünstigung **48** 6
Untaugliches Abtreibungsmittel **47** 18, 19, **54** 117
Untaugliche Mittel, Versuch **50** 9
Unterbrechung, Fortsetzungszusammenhang **51** 86, **53** 20; Hauptverhandlung **53** 184, **58** 161; eines Rechtsstreits, betrügerische Herbeiführung **50** 23
Unterdrückung, Postpaket **52** 130; wahrer Tatsachen **56** 112; von Urkunden, s. Urkundenunterdrückung
Unterhaltsanspruch **51** 124
Unterlassung, Begründung von Beschlüssen **51** 52; Belehrung über Veränderung des rechtl. Gesichtspunkts **50** 3; Konkursanmeldung **51** 9; Kriegslieferung **59** 97; Ratserholung **51** 59; Strafbarkeit **51** 5, 15; Umsatzsteueranmeldung **59** 95
Unterlassungsdelikt **45** 48, **47** 46, **52** 52, **57** 101, 121, **59** 3; Anzeige von Verbrechen **53** 90; Beeidigung von Zeugen **53** 68, 149; Begünstigung **53** 51; Beihilfe **53** 167; Brandstiftung **60** 34; Hehlerei **58** 143; Kuppelei **48** 55; verbotene Ausfuhr **58** 64; Verteidigerladung **53** 148; Wahlfälschung **56** 188
Unterlieferant, Heereslieferung **50** 27
Unternehmen, Arbeitspause **48** 31; Ausfuhr verbotene **53** 21, 190, **54** 150; Beendigung **60** 31; Einfuhr **55** 125; Falscheidverleitung **45** 65; Konterbande **49** 41, 87, **50** 28, **52** 146, 160, **53** 8, 67, 134; Meineidsverleitung **53** 121, **59** 116; Steuerhinterziehung **45** 105; strafbare Handlung **58** 105, **59** 16, 18, **60** 89; Valutaspekulation **50** 49; verbotene Ausfuhr **52** 59, **58** 161; verbotene Einfuhr **45** 107; Verrat von Geschäftsgeheimnissen **50** 33
Unternehmer, Baubuch **47** 56, **46** 4, **49** 20, 66; Haftung für Angestellte **50** 3, 27, 100; Vorenthalt von Krankenkassebeiträgen **50** 35; s. a. Bauunternehmer
Unternehmergewinn, Preissteigerung **50** 130
Unterricht, gewerbsmäßiger **46** 88

Untersagung, Gewerbebetrieb **50** 85, 136; Handelsbetrieb **52** 84

Unterschlagung **45** 58, 111, **46** 37, 104, **49** 5, 28, 34, 52, 133, **52** 69, 99, **54** 78 104, 106, **56** 9, 52, 164, **57** 23, 59, 172, **58** 23, 107, 108, **60** 24, 93; im Amt **46** 102; Besitzergreifen u. Aneignung **53** 171; Lehrer **50** 75; Mittäterschaft **53** 85; Tod des Eigentümers **47** 66; Verhältnis zum Mundraub **51** 24; s. a. Amtsunterschlagung

Unterschrift **46** 79, **57** 9, 37; Begriffserfordernis der Urkundenfälschung **51** 3; unbewußte Durchschrift als Fälschung **50** 50; Urteil **48** 26; Zeugenvernehmungsprotokoll **53** 50

Unterstellung **46** 74; der Wahrheit eines Beweissatzes **49** 10, **51** 2

Untersuchung, Einleitung **45** 98, **46** 67, **59** 41

Untersuchungsgefangener, Fälschung des Gefangenenverzeichnisses **52** 68

Untersuchungshaft, Anrechnung **52** 96, **54** 15, 56, **59** 76, 132; Entschädigung **53** 194; Landtagsabgeordnete **50** 143; Verkehr mit Verteidigern **56** 42

Untersuchungsrichter **56** 42, 170; Ausschließung **54** 156, **57** 124

Unterzeichnung **60** 142; Berichtigungsverfahren **54** 157; Urteil **54** 122

Untreue **45** 111, **46** 104, **47** 8, **48** 73, 89, **49** 133, **53** 92, **54** 20, **56** 52, 64; handelsrechtliche **47** 10; Handlungsreisender **47** 132

Unvollständigkeit, Urteilsformel **54** 88

Unvollständige Würdigung **59** 75

Unwahre Behauptung **59** 135

Unwahre Nachrichten, verbotene Verbreitung **50** 96

Unwirksamkeit, bedingt. Rechtsmittelerklärung **53** 24

Unwirtschaftliche Einschiebungen **58** 156

Unzucht, Gewerbsmäßigkeit **51** 89; mit Kindern **46** 39, 80, **49** 47, **52** 39, 92, **57** 119; Mißbrauch von Lehrverhältnissen **53** 104; Tatmehrheit **53** 155; verletztes Rechtsgut **53** 155; Verschaffung von Gelegenheit **51** 18; Versuch und Vollendung **53** 101; widernatürliche **48** 55, 69

Unzüchtige Abbildung **56** 90; geschlechtliche Aufklärung **48** 68; Filmstreifen **47** 127

Unzüchtige Darstellungen **46** 108, **48** 65; Schallplatte **47** 69, 126

Unzüchtiger Erwerb, Zuhälterei **48** 125; früherer Zuhälterei **48** 125

Unzüchtiger Gebrauch **46** 3, 35, **48** 19, **57** 92

Unzüchtige Handlung 45 80, 84; Beleidigung **51** 23; Minderjährige **60** 18; Öffentlichkeit **49** 38, **51** 62; Versuch **58** 132
Unzüchtigkeit, Film **55** 155
Unzulässigkeit, Ablehnung von Beweisanträgen **51** 2, 8, 16, 25, 47; Amnestie bei unzulässigen Rechtsmitteln **53** 132; Berichtigung, nachträgliche **51** 123; Mängelrügeverzicht **53** 50; Nebenklage der ehelichen Mutter **53** 116; Revision **53** 132; Revisionsbeschränkung **51** 74, 107; Strafverfolgung nach Rechtskraft **51** 82; Verteidigungsbeschränkung **53** 107; Vorwegnahme der Beweiswürdigung **51** 57
Unzurechnungsfähiger, Teilnahme an der Tat **52** 99
Unzuständigkeit, bürgerl. Gericht **55** 97; Revision **50** 7; Revisionsverwerfung **55** 54; Rüge **50** 45
Unzuständigkeitserklärung des Schöffengerichts **49** 51
Unzuverlässigkeit, Ablehnung von Zeugen **52** 87; Untersagung des Gewerbebetriebs **50** 85, 136
Urheberrecht 46 16, **47** 86; an Werken der Tonkunst **48** 39; Übertragung **48** 100
Urkunde 55 52, 146; Abschrift als Urkundenfälschung **49** 99; amtliche **46** 2; schlichte amtliche **49** 8; gemeinschaftliche **58** 22
Urkunde, öffentliche, amtlicher Prüfungsvermerk auf Privaturkunden **51** 45; Asservatenverzeichnis **52** 140; Bescheinigungen von Zollbehörden **58** 134; Bestellvermerk **53** 123; Bezugsscheine **57** 37; Frachtbrief **46** 78; Gefängnisaufnahmebücher **49** 16; Lebensmittelkarte **51** 97; Paß **60** 56; Pfändungsprotokoll **60** 13; Reifezeugnis **60** 131; Sammelerlaubnis **60** 74, Telegramme **46** 77; Wildschein **45** 82; s. a. Gesamturkunde
Urkundenbeschädigung 59 103
Urkundenbeweis 59 37, **60** 64; Verlesung von Übersetzungen **51** 36
Urkundenentwendung 47 66
Urkundenfälschung, Abänderung durch den Aussteller **51** 118; Absicht, rechtswidrige **53** 70, 188; Aktiennachahmung **48** 38; amtsanwaltliche Strafprozeßliste **45** 35; Anlegeattest **52** 93; Anonymität, versteckte **46** 79; anonyme Anzeige **50** 14; Anzeige unter falschem Namen **48** 14; Ausfuhrerlaubnis **52** 151; Auslobung **56** 31; Ausradieren **52** 53; Ausstellungsort **52** 163; Bahnwochenkarte **59** 120; Begriff **52** 163, **53** 52; Beitragsmarken, private **48** 84; Beweiserheblichkeit **52** 88; Bezugsschein **52** 8; Bierbuch **51** 14; Blankett-

fälschung **51** 11; Brief **56** 59; Briefmarkenheft **59** 16; Brotbuch **52** 117; echte Urkunde mit falschem Inhalt **51** 118; Eichstempel **56** 172; eidesstattl. Versicherung **52** 40; Eingangsvermerk im Grundbuch **48** 121; einheitliche Handlung **45** 16; Expreßgutanschrift **56** 118; Fabriknummer **58** 9, 133; Fahrschein, benutzter **55** 86; Fahrradaufbewahrungsschein **59** 106; falsche Namensunterschrift **49** 99; Fortkommen, besseres **52** 93, 108; Frachtbrief **46** 78, **52** 98, **56** 99; Frachtbriefduplikat **60** 68; Gebrauchmachen **52** 88, **53** 71, **55** 94; Gefangenenliste **52** 68; Gesamturkunde **50** 74, **51** 14, **60** 9; Gewinnsucht **51** 81; Gutschein **51** 134; Handelsbücher **50** 48, 141, **52** 48; Heiratsregister **60** 76; Herstellung durch Stempel **53** 87, 133; Immatrikulation **58** 16; Irrtum über Abänderungsbefugnis **53** 133; Klagurschrift **59** 7; Kontrollbuchänderung **52** 43; Kraftwagenschild **55** 20; Künstlerzeichen **56** 173; Lebensmittelbuch, städtisches **52** 124; Lebensmittelmarken **51** 97; Lohnkarte **52** 35; mittelbare Täterschaft **48** 17; Mittäterschaft **58** 133; Notwehr **48** 63; Nummernzeichen **54** 163; Orderscheck **60** 129; Paßersatz **60** 44; Personalausweis **58** 34; Plombenverschluß **50** 56; polizeiliche Beglaubigung **60** 74; Portohinterziehung bei Feldpostbriefen **51** 87; Postpaketadresse **52** 98, **55** 151, **56** 160; Poststempel **58** 65; Preisauszeichnung **53** 133, 183; Privaturkunde, beweiserhebliche **55** 14; Pseudonym **48** 72; Rechtsanwalt, Handakten **48** 118; Rechtserheblichkeit **53** 71, 80; rechtswidrige Absicht **47** 62; Registrierkasse **55** 60; Reifezeugnis **60** 31; Rücktritt **54** 162; Rücktritt eines Beteiligten vom Versuch **47** 111; Schädigungsabsicht **53** 150; Scheck **56** 63; Schlußschein **55** 64; Sitzungsprotokoll **46** 33; Speisekarte **52** 88; Stellenvermittlerausweis **48** 17; Stempelabdrücke **52** 134; Stempelaufdruck **56** 115; Stickereischablone **46** 30; Strafanzeige **53** 150; Strafmaß **56** 179; Straßenbahnkarte **46** 116; Tateinheit mit Meineid **60** 123; Tateinheit mit Postportohinterziehung **46** 118; Telegramm **46** 64, 77, **57** 164; Testament **57** 118; unbewußte Namensunterschrift **50** 50; Urlaubsgesuch militärisches **52** 166; Verkaufsangebot **55** 146; Verkaufsurkunde **58** 100; Vermerk „gez." **57** 9; Vermö-

gensvorteil **53** 46, 52, 188; Versteigerungsprotokoll **58** 22; Vollendung der Tat **48** 14; wahlweise Feststellung **57** 91; Warenausweis **50** 83; Zuckerbezugschein **57** 37; Zusammentreffen mit Diebstahl u. Betrug **51** 3; keine bei Patentanmeldung in Vertretung **45** 77; keine Rechnungsübergabe **59** 126; s. a. Gesamturkunde, Tateinheit, Tatmehrheit
Urkundenstempel **49** 39, 49, 70, 120
Urkundenunterdrückung **47** 20, **49** 34, 37, **50** 62, **54** 54, **55** 40, **57** 6, 158, **60** 140
Urkundenverlesung **46** 56
Urkundenvernichtung **56** 99; Ausradierung **52** 53
Ursache **54** 174
Ursächlicher Zusammenhang **47** 45
Urschrift **60** 142
Ursprungsbezeichnung **46** 44; unl. Wettbewerb **47** 130
Ursprungsland, Weinfälschung **50** 15
Urteil, Ablieferung, verspätete **59** 114; Änderung nach Verkündigung **47** 98; Anfechtung, beschränkte **47** 70; **58** 113; Aufhebung im Strafmaß **47** 118; Ausfertigung **48** 40; Begründung **45** 68, 78, 102, **46** 115, **47** 32, 57, 130, **53** 145, **59** 28; Beratung **46** 101, **58** 119; Berichtigung **56** 113; Beweiskraft **59** 7; Bindung **59** 13; Ersatzzustellung **49** 37; Findung **46** 62, **55** 41; Formel **46** 87, **60** 8; Gegenstand des **51** 50, 66, 123; Gründe **51** 12, 62, 123, **54** 12, 13, 88, **60** 10, 102; rechtskräftiger Strafbefehl **50** 71; Unterbrechung des Fortsetzungszusammenhangs **49** 107, **53** 20; Unterdrückung **49** 37; Unterzeichnung **54** 122; Unvollständigkeit **54** 88, 141; Verkündung **57** 222, **58** 69; Verkündigungstermin, Änderung des rechtlichen Gesichtspunkts **53** 184; Verlesung **60** 103; Verlesung bei Verweisung an das ordentliche Gericht **54** 143; Veröffentlichung **46** 19; Widerspruch zwischen Gründen u. Sitzungsprotokoll **49** 91; Wechsel der Gesetzgebung **47** 118
Urteilszustellung, Begründungsfrist bei der Revision **52** 42; Einziehungsbeteiligte **53** 182; Revisionsbegründungsfrist **47** 30; Revisionseinlegung **53** 126
Valuta, Berücksichtigung bei Preissteigerung **51** 110
Valutaspekulation **50** 49, **55** 80, **57** 200
Verabredung, Mord **59** 119; Preistreiberei **55** 45; Sprengstoffverbrechen **58** 141, **59** 72
Veränderung beschlagnahmter Gegenstände **50** 105; des rechtlichen Gesichtspunkts **50** 3

Veranstaltung 47 63
Verantwortlichkeit, gemeinsame 45 101
Verarbeitung, Hehlerei 53 88, 55 26
Veräußerung, Bankrott 48 64; Beschlagnahme 54 60; eingezogene Waren 56 156; Münzen 56 81
Veräußerungsanzeige 60 4
Verband, zur Förderung gewerblicher Interessen s. Schutzverband; militärischer Art 59 34; Strafantragsrecht 45 88
Verbandspreis 39 104;
Verbergen, Konterbande 52 132
Verbindung, Berufungs- und erstinstanzielle Sache 53 75; Gesamtstrafenbildung 53 75; staatsfeindliche 54 48; zusammenhängender Strafsachen 48 36, 91, 49 3, 68, 55 114, 57 138
Verbindungsverbot 58 104, 180
Verbot der Tätigkeit als Angestellter 59 125
Verbotene Ausfuhr, fahrlässige 58 164; s. a. Ausfuhr
Verbotene Einfuhr 48 3, 55 74; s. a. Einfuhr
Verbotene Geschäfte 59 35
Verbrauch, alsbaldiger 47 23, 52 128, 55 144; Gegenstand des 58 168; Mundraub 53 89, 110, 127
Verbrauch hauswirtschaftlicher, Brotkarte 51 109; Futtermittel 46 103; Viehfutter 47 79, 80; Wäsche 46 120
Verbrauch der Strafklage, s. Strafklageverbrauch
Verbrauchsabgabe 45 8
Verbrechen, Aufforderung zur Begehung 46 111, 47 71, 56 176, 60 11, s. a. Vorteilsgewährung; ausdrückliche Billigung 57 198; Erbieten 52 127; fortgesetztes 49 128; Vorhaben 60 83; vorsätzlich; Preistreiberei 60 47
Verbreitung, Bildwerk 45 55; Religionsvergehen 59 135; unzüchtige Schriften 47 69; Urheberrecht 46 16, 48 100
Verdienst 58 151
Vereidigung, Beamte 53 87; Sachverständige 53 152
Verein, aufgelöster 59 58; Strafantragsrecht 58 96
Vereinigung gegen den unl. Wettbewerb, Strafantrag 48 99
Vereinigungsfreiheit 56 200, 201
Vereinsrecht 59 17; öffentliche Veranstaltung 47 121
Vereinsvorstand 56 182
Vereinszollgesetz 47 5, 7, 117, 55 95, 163; Ausführungsbestimmungen 50 12; fortgesetztes Vergehen 50 19; Verhältnis zum Belagerungszustandsgesetz 49 69; Verhältnis zum Fleischbeschaugesetz 49 33; Verhältnis zum Viehseuchengesetz 49 33; Zolldeklaration 50 30, 46

Verfahren 55 114, 133, 136; Einstellung **50** 83, 132, 133; Öffentlichkeit **52** 66
Verfahren, schwurgerichtliches **54** 93, 100
Verfahrensmängel 47 90
Verfahrenspatent 46 70
Verfahrensrüge 54 13, **59** 97; bedingte Erklärung **53** 24; Verzicht **53** 50
Verfallerklärung, Bestechung **51** 34, **53** 178, **55** 17, **57** 116, **58** 76; Kapitalflucht **56** 148, **57** 93, 129, **58** 17; Steuerhinterziehung **56** 198; unl. Wettbewerb **54** 97
Verfälschung, Kunstfett **46** 44, **50** 63; Steuerzeichen **57** 215; Urkunde s. Urkundenfälschung; Wein **50** 15
Verfasser, Schutz gegen Nachdruck **49** 7
Verfassungseid 55 30
Verfassungsmäßigkeit einer Vorschrift **59** 17
Verfolgungszwang 59 21
Verfügung, rechtswidrige **46** 41; über unterschlagene Sachen **49** 5
Verfügungsgewalt, Diebstahl u Unterschlagung **52** 69, 71; Hehlerei **52** 104
Verführung zum Beischlaf 46; 39; Abhängigkeitsverhältnis **53** 63; Amnestie **53** 136; Auslieferung aus der Schweiz **49** 65
Vergehen, gemeingefährliches **45** 47, 76
Vergiftung 53 113, **56** 43
Vergnügungsort, Polizeistunde **50** 107
Verheimlichen, Hehlerei **47** 76, **56** 27, **57** 82; Waffen **59** 86
Verhandlung, Öffentlichkeit **48** 61, **57** 18
Verhandlungsfähigkeit, Geisteskrankheit des Mitangeklagten **54** 49
Verhandlungsprotokoll, Beweiskraft **53** 130
Verjährung, Abgeordneter **58** 124; Bauunternehmung **56** 168; Einstellung **53** 157; fortgesetzte Handlung **57** 70; Preßdelikt **45** 33, **49** 110, **53** 115, **59** 67, 69; kein Prüfungsrecht des Geschworenen **47** 119; richterliche Handlung **56** 186; Rückfall **50** 73; Ruhen **52** 20; Steuerhinterziehung **49** 22, 46; Tabaknachzoll **52** 21; Täter, geisteskranker **52** 20; Unterlassungsdelikt **59** 3; Verfahrensaussetzung **52** 29; Zolldelikt **53** 112
Verkauf, fahrlässige Hehlerei **60** 121
Verkaufspreis 49 119
Verkehr, Warenzeichen **48** 42, 43
Verkehrsdiebstahl 53 158, **56** 49
Verkehrsregelung 54 64, **55** 14, 81, 106, 143, 153, 164, **56** 1, 2, 36, 57, 95, 105, 116, 195, **60** 65;
Verkündung von Verordnungen 56 165; **57** 26
Verkürzung 60 107

Verlagsrecht 49 7
Verlassen in hilfloser Lage 59 123
Verleihung, Beamteneigenschaft 54 88
Verleitung, Falscheid 45 65
Verlesung, Eingaben 60 64; frühere Aussagen 59 83; früheres Geständnis 54 57; Protokolle 50 32, 124, 56 131, 58 41; Verweisung an das ordentliche Gericht 54 143; richterliche Vernehmung 45 44; Übersetzung 51 36; unbeglaubigte Urkundenabschrift 51 36; Zeugenaussage 46 13, 34, 48 106, 49 51, 105, 110, 54 13; Zeugenvernehmungsprotokoll 47 90
Verletzter, Ablehnungsrecht 52 152
Verleumderische Beleidigung 48 120
Verleumdung 58 18
Verlöbnis, Notwehr 48 63; Zeugenbeeidigung 53 117
Verlust, Akten im Revisionsverfahren 54 47; Gewahrsam an versteckten Sachen 53 98; Sehvermögen 58 84
Verlustausgleich, Preistreiberei 50 66, 116, 118, 130, 139, 54 31
Vermieter, Wohnungswucher 53 163
Vermittler, übermäßiger Gewinn 50 81
Vermittlergebühr 56 149
Vermittlung von Rennwetten 48 57; Schleichhandel 54 63, 173
Vermögensabgabe 56 166
Vermögensbeschädigung, Betrug 47 19, 48 28, 52, 49 5, 6, 21, 51 72, 52 65, 75, 53 124, 183, 54 23, 102, 58 83, 88, 59 120
Vermögensrechte, Verletzung durch Hehlerei 53 15
Vermögensstand, unübersichtliche Buchführung 47 93
Vermögensvorteil, Begünstigung 54 59; Betrug 55 145; Gewerbsunzucht 51 89; Hehlerei 50 98; Urkundenfälschung 50 83, 141, 53 46, 52, 188; Verbesserung der Prozeßlage 52 48; Zahlungsempfang 53 46
Vermögenswert 58 17
Vermutung, gesetzliche, Steuerstrafrecht 56 6, 136
Vermutungstatbestand, steuerstrafrechtlicher 57 109, 58 172
Vernehmung, Anwesenheit des Verteidigers 53 91; gesetzwidrige 60 113; als Zeuge 58 136
Vernehmungsprotokoll, Verlesung 52 47, 126
Vernichtung von Warenzeichen 45 6, 82
Veröffentlichung amtl. Schriftstücke aus einem Strafprozeß 47 77; Ausfuhrverbot 50 12; Manuskript 48 127; des Urteils 46 19; von Verordnungen 49 1, 79, 88;

Verwaltungsanordnung **51** 91
Veröffentlichungsbefugnis **60** 36
Verordnung, Bekanntmachung **59** 68
Verordnungsrecht, polizeiliches **46** 15, 83, 95, 100; Reichspräsident **55** 67; Übertragbarkeit **55** 47, **56** 86
Verpackungskosten **50** 22
Verpflichtung, beschränkte, Söldnervertrag **56** 7
Verrat, Betriebsgeheimnisse **45** 60, **57** 10, 11; des Dienstgeheimnisses **49** 56; von Geschäftsgeheimnissen **47** 37, **48** 4, 46, **50** 33; Landesverrat **49** 128; militärischer Geheimnisse **49** 35, **50** 129; Parteiverrat **49** 102; Telegraphengeheimnis **49** 56; s. a. Hochverrat, Landesverrat
Verrechnungsanweisung **59** 13
Verrufenes Geld **55** 129
Verrufserklärung **46** 61, **59** 25
Versammlung, Begriff **47** 121; kirchlicher Bittgang **46** 8
Versammlungsrecht **56** 91, **59** 17
Versäumnisurteil **49** 37
Versäumung, Revisionsbegründungsfrist **52** 42, 143
Verschiebung, Diebstahl an Eisenbahnwägen **53** 186
Verschleierung, Wucher **60** 75
Verschluß, schwerer Diebstahl **54** 95
Verschleppung **56** 21
Verschneidung **49** 13, 84
Verschollenheit **57** 142
Verschulden, Unternehmer u. Angestellte **50** 3; Zolldelikte **46** 91
Verschweigen als Eidesverletzung **57** 77; im Einkommensteuergesetz **47** 110; Hehlerei durch **47** 76
Verschwörung **54** 48
Versehgang **45** 5
Versicherung, eidesstattliche **57** 29, **58** 71, s. a. eidesstattl. Versicherung; von Zeitungsabonnenten **49** 40
Versicherungsbetrug **48** 52, **53** 154, **56** 48, **59** 73, 82, **60** 52
Verspätete Ablehnung **54** 164
Verspätete Ablieferung, Krankenkassebeiträge **50** 35; Heeresaufträge **50** 26
Verspätung, Strafantrag **51** 26
Versteigerer, öffentlicher **56** 52, **57** 123
Versteigerung, unlautere Machenschaft **53** 81
Versteigerungsprotokoll **58** 22
Verstrickungsbruch **48** 107, **51** 37, 71, 78, 80, 94, 107, 108, 128, **54** 114, **58** 160; polizeiliche Beschlagnahme **52** 56
Versuch, Abtreibung **52** 90, 106, **54** 117; Anfang der Ausführung **53** 186; ausländisches Strafrecht **54** 117; beendigter **45** 41, **57** 99; Begriff **59** 53; Begünstigung **53** 162; Beibringen von Gift **59** 1; Belagerungszustandsvergehen **49** 69;

Betrug 47 111, 49 5, 50 9, 51 72, 118, 52 79, 53 84; Blutschande 47 59; Diebstahl 46 71, 51 48, 53 62, 108, 119, 54 21, 26, 76, 165, 167, 55 105, 137; Einfuhr, verbotene 55 74; Erpressung 49 108; Fahnenflucht 46 56; Fragestellung 55 55; Fragestellung bei Mord 54 19; Handtaschendiebstahl 46 71; Kapitalflucht 57 88; Konterbande 52 146; Landesverrat 49 128, 51 99; Meineid 54 53, 58 145; Nötigung 49 100; Portohinterziehung 51 87; Rücktritt 45 3, 47 22, 50 130, 51 72, 52 90, 55 36, 56 78, 102, 57 142; Rücktritt eines Beteiligten 47 111; schwere Urkundenfälschung 56 99; Schmuggel 49 55; Sittlichkeitsverbrechen 47 22; Steuergefährdung 57 57; Steuerhinterziehung 56 30, 153, 57 96, 59 35, 41, 60 4, Strafgesetz, schwerstes 53 23; Totschlag 59 55; untaugliches Mittel 50 9, 51 72; unzüchtige Handlung 58 133; Unzucht an Kindern 53 101; Urkundenfälschung 47 111, 49 99, 52 43, 54 162; Verabredung des politischen Mordes 58 176; Verleitung zur Unsittlichkeit 52 92

Versuch, untauglicher, Abtreibung 47 18, 60 11; Brandstiftung 60 54

Verteidiger, Anwesenheit bei Vernehmungen 53 91, 57 132; Ausbleiben 52 129; Bestellung 55 66, 58 126; Entbindungsantrag 54 94; Ersetzung 53 148; Fragestellung 48 75; Ladung 53 148; mehrere, Ladung 48 111; notwendiger 52 94; Parteiverrat 51 76; Rechtsagent 51 76; Verhandlungsfähigkeit 57 191; Verkehr mit dem Beschuldigten 56 42; als Zeuge 54 72, 55 119; Zulassung 55 115; Zustellung des Zulassungsbeschlusses 51 52

Verteidigung, Beschränkung 47 29, 39, 48 114, 49 9, 110, 51 74, 52 23, 32, 89, 131, 150, 53 157, 57 131; notwendige 52 89; Urteilszustellung 47 31

Verteidigungsmittel, Begriff 50 129

Verteidigungsrecht 59 105

Verteilung von Druckschriften 50 29; Verzicht auf Prozeßrügen 47 90

Vertrag, gegenseitiger, Verfallerklärung bei Bestechung 51 34; unwirksamer 48 28

Vertragsangestellter, militärische Amnestie 54 45

Vertragsbedingung, Nichterfüllung bei Heereslieferungsverträgen 53 13

Vertragsverletzung, positive 49 27

Vertreter, Abgabenhinterziehung 49 39; Verantwort-

lichkeit des Firmeninhabers **49** 31, 66
Vertreter, gesetzlicher, Rechtsmittel **47** 48; Zulassung als Zeuge u. Beistand **59** 111
Vertretung 58 96; Amts- u. Staatsanwalt **51** 77; des Staatsanwalts beim Schlußantrag **48** 71; Strafantrag **57** 73; bei Steuererklärung **48** 66; Verteidiger **54** 98; völkerrechtlicher Verkehr **50** 12
Verursachung, Gesundbeten **50** 10; fahrlässige Tötung **57** 76; Kraftwagenunfall **60** 38
Verurteilung, frühere **60** 134; doppelte **49** 45, 75, 106, 107, 108; Kostentragung **51** 31; ohne Anklage **56** 58; Publikation **53** 43, 166
Vervielfältigung 48 100; zum persönlichen Gebrauch **48** 39
Verwahrung, amtliche **51** 79, 136, **56** 62
Verwahrungsbruch **47** 122, **53** 120, **55** 144
Verwaltungsanordnung, Änderung des Strafgesetzes **51** 58; Brotversorgung **51** 54; Irrtum **51** 80; Täterschaft u. Beihilfe **51** 54; Veröffentlichung **51** 91
Verwaltungsbehörde, Klaganschluß **48** 102; Strafbescheid **54** 30, **55** 22
Verwaltungsbescheid, Bindung der Gerichte **52** 26
Verwaltungsmaßregel, Einschaffung in eine Besserungsanstalt **53** 100; Einziehung **53** 175; Strafrechtsirrtum **50** 17
Verwaltungsrecht, Irrtum **49** 112
Verwandtschaft **60** 81
Verwässerung, Traubenmaische **54** 69
Verwechslungsgefahr **48** 115
Verweisung **45** 87, **54** 143, **56** 181; an ein höheres Gericht **58** 61; Wuchergericht **55** 136
Verweisungsantrag, Verbescheidung **53** 168
Verweisungsbeschluß **47** 103, **52** 158
Verwendung beschlagnahmter Sachen **50** 105, **53** 20
Verwendungszweck, neuer **45** 51
Verwertung, Diebstahl **54** 76, 167
Verzicht, Ablehnungsrecht **57** 16; auf Arbeiterschutz **57** 55, 60; auf Auslieferungsschutz **45** 64; auf Einspruch gegen Zeugenaussageverlesung **58** 49; Großhandelserlaubnis **58** 99; Rechtsmittel **50** 124, **57** 45; Rügerecht **58** 61; auf Strafantragsrecht **46** 98
Verzollung **50** 30
Verzug bei Heereslieferungsverträgen **49** 27
Verzugszinsen **60** 5
Viehaufkauf **55** 64
Viehfutterentwendung **46** 103, **47** 79, 80
Viehhandel, Ausweiskarte **50** 19

Viehseuchen 45 17, 75, **49** 33, 57, 81, 85, 111, 114; Absperrungsmaßnahmen **46** 83, 110; Bekämpfung **46** 95, **52** 64; Blankettgesetz **46** 15, 100; verbotener Hausierhandel **50** 55; s. a. Seuchenpolizei

Viehseuchengesetz 52 61, 105; Verhältnis zum Vereinszollgesetz **49** 33

Völkerrecht, Auslieferung **60** 72; Exterritorialität fremder Truppen **52** 80; Kriegsbeute **49** 52; Kriegsgefangene **57** 25

Völkerrechtlicher Verkehr 50 12

Volksbeauftragter 57 48; Amnestie **53** 19, 25, 29, 55

Volksregierung, Aufruhr **53** 31

Volksvertretung 58 124

Vollendung, ausländischer Tatort **50** 8; Beleidigung **48** 20; Betrug **52** 79; Binnenausfuhrverbotsübertretung **52** 59; Dauervergehen **58** 7; Diebstahl **52** 103, **53** 74; Einkommensteuerhinterziehung **59** 35; Konterbande **52** 120, **54** 118; Landesverrat **49** 128; Mundraub **53** 108; Rücktritt **54** 73; Schmuggel **49** 55; Unzucht an Kindern **53** 101; Urkundenfälschung **48** 14; Wegnahme von Sachen **54** 20; Warenhausdiebstahl **52** 41; Zweikampf **52** 34

Volljährigkeit 47 48

Vollmacht 45 111, **60** 96; Revisionseinlegung **46** 100; Verteidiger **54** 94; Zahlungsannahme **47** 132

Vollmilch 60 23

Vollstreckungsbeamter, Amtsmißbrauch **53** 161

Vollstreckungsbefehl 59 38

Vollstreckungsvereitelung 60 77

Vorausentscheidung d. Steuerbehörde **56** 190, 191

Vorauszahlung 60 67

Vorbenutzungsrecht 46 22

Vorbereitungshandlung, Ausfuhr **53** 21; Begriff **52** 146; Binnenausfuhr, verbotene **52** 59; Betrug **51** 118; Diebstahl **54** 167, **55** 105, 137; Falscheid **45** 65; Konterbande **45** 107, **50** 28; Meineidsverleitung **59** 116; Steuerhinterziehung **45** 105

Vorbestrafung, Anrechnung der Untersuchungshaft **52** 96

Vorentscheid 57 1, 2, 4, 109, 111, **58** 10, 19, 20, 67, 91, 93, 172, 186, 189, **59** 41, 87, **60** 80

Vorgesetzter, amtlicher **57** 221, **60** 36; militärischer **56** 101, **60** 118; Befehl zur Ausführung von Straftaten **54** 170; Strafantragsrecht **59** 46

Vorhaben, Verbrechen **60** 82

Vorhalt, früherer Protokolle **59** 50; polizeiliches Protokoll **54** 8

Vorhersehbarkeit, Fahrlässigkeit **50** 140, **54** 174, **57** 76

Vorlage 45 96; im geschäftlichen Verkehr **48** 25

Vorlesung, Nachschrift **48** 127
Vormerkung 59 101
Vormund, Begriff im Strafrecht **57** 167, **58** 5; Kostentragung für Rechtsmittel **46** 38; Strafantragsrecht **49** 60; unrichtiger **45** 73; Unterlassung von Strafanträgen **50** 43; Untreue **45** 111; Zulässigkeit der Nachprüfung seiner Bestellung **49** 60
Vormundschaft, Begriff **48** 56
Vorrichtung 45 109
Vorsatz, Abirrung **54** 174; Unterschied von Absicht **49** 36; Verhältnis zur Absicht und Entschluß **51** 107; Abtreibung **56** 87; Amtsunterschlagung **53** 64, **60** 79; Aufforderung zum Verbrechen **60** 11; bedingter **46** 5, 65, 83, 90, **51** 72, **52** 46, 52, 113, **53** 187, **54** 16, **55** 111, 145, **57** 208, **58** 94, 164, **59** 2; Begriff **55** 50; Benachteiligung **53** 105; Bewußtsein der Rechtswidrigkeit **48** 41; Branntweinsteuerhinterziehung **55** 84; einheitlicher **46** 5; und Fahrlässigkeit **48** 76; fortgesetztes Delikt **51** 64, 80, 86; Gewalttätigkeit gegen Sachen **52** 18; Heereslieferung **53** 13; Hehlerei **55** 116, **57** 39; Irrtum **54** 3; Kettenhandel **50** 81, **51** 21; Mangel **56** 11; Meineidsverleitung **53** 121; bei polizeil. Anordnungen **47** 83; Preistreiberei **51** 59 60; Seemannsordnung **45** 94; Selbständigkeit bei mehrfacher Begehung **50** 19; Tabaksteuerhehlerei **56** 4; Tateinheit **51** 38; Tötung **54** 174; unl. Wettbewerb **45** 60; Unterlassungsvergehen **52** 52; Urkundenfälschung **53** 188; verbotener Waffenbesitz **56** 77; Verbotsübertretung **51** 80; Verrat militärischer Geheimnisse **50** 129; Wehrbeitrag **48** 93, 110; Weingesetz **54** 69; Zuwiderhandlung gegen Beschlagnahme **50** 99
Vorschieben 45 74, 91
Vorschrift, allgemeine u. besondere **56** 109
Vorsichtsmaßregeln zur See **57** 104
Vorsitz, Ferienkammer **56** 75, 83; Strafkammer **55** 110, 134; Stellvertretung **56** 28
Vorsitzender, Belehrungspflicht **57** 75; Schwurgericht **57** 86; Vertretung **60** 114; Widerspruch gegen Verfügungen **52** 78
Vorstand der AG., Angaben über das Aktienkapital **53** 78; Untreue **47** 10
Vorstand der Genossenschaft, Benachteiligung der Genossenschaft **53** 105
Vorstand der G. m. b. H. 50 41
Vortat, Strafbarkeit bei Hehlerei **50** 58, **53** 15, **54** 135; Irrtum über **50** 64

Vorteil, Aufforderung zum Verbrechen **58** 43; Begünstigung **50** 64, **54** 59; Hehlerei **50** 98, **54** 171, **56** 50, **58** 59; Pfandnahme **54** 171; Urkundenfälschung **50** 83, 141
Vorteilsgewährung, Abtreibung **46** 111
Vorteilssicherung, Begünstigung **53** 162
Vortrag **45** 48
Voruntersuchung **55** 124, **60** 87, 113; Ergebnisverwertung am Schwurgericht **53** 95; Nebenklage bei Erpressungsversuch **51** 52
Vorverfahren, Antrag auf Verteidigerbestellung **48** 114

W.

Wache, militärische **60** 40
Wachposten, militärischer **56** 171
Waffen, Gewalttätigkeit **54** 39; Mißbrauch **60** 40; schwerer Diebstahl **54** 26, 84; verbotener Besitz **54** 3, **56** 77, 109, 142, **59** 2, 113, **60** 147
Waffenabgabe **56** 140
Waffenführung, Diebstahl **55** 8
Waffenlager **57** 210, **59** 86
Waffenstillstand **56** 145
Waffentragen, verbotenes **49** 75
Waffenverbot **55** 3, 82, 104
Waffenverordnung **57** 169
Wahlfälschung **56** 188
Wahlhandlung, öffentliche **46** 114
Wahlperiode **58** 124
Wahlstimmenhandel **48** 23
Wahlurne **46** 52; Sachbeschädigung **55** 33
Wahlvorschlag, Urkundenunterdrückung **55** 40
Wahlweise Feststellung, Anstiftung zu Mit- oder Nebentäterschaft **55** 42; Aufruhr **54** 160; Begünstigung **58** 137; Diebstahl u. Hehlerei **53** 129; Hehlerei **51** 66, **56** 27; inländisches u. ausländisches Papiergeld **54** 130; Nachschlüssel- oder Einbruchdiebstahl **56** 127; Nachschlüssel- oder Einsteigdiebstahl **55** 23; schwerer Raub **56** 15; Zigarettensteuerhinterziehung **54** 169
Wahnverbrechen **47** 59, **55** 74, **57** 23
Wahrheitsangabe, Meineid **60** 26
Wahrheitsbeweis **55** 73
Wahrheitserforschung **47** 130
Wahrspruch der Geschworenen **46** 49, 58, 93, **57** 139, 149
Wahrung berechtigter Interessen **46** 43, 61, **47** 51, **48** 120, **50** 14, 104, **56** 186, **58** 18, **59** 105
Währung, Geldstrafe beim Zolldelikt **54** 27; Handel mit Zahlungsmitteln **50** 49
Wald, eingehegter **60** 94
Wanderlager **45** 40
Ware **45** 53, 67, **56** 74, 147, **57** 49, 129, **58** 161; Wertberechnung **47** 16
Warenausfuhrverbot **52** 141, 146, 147

Warenausweis, Urkundenfälschung **50** 83
Warenauszeichnung, Preistreiberei **50** 103
Warenbezeichnung 45 19; unrichtige **48** 13
Wareneinheit, Kriegswucher **50** 66
Warenempfänger, Haftung für Zollvergehen **50** 46
Warenhausdiebstahl 52 41
Warenname 57 181
Warensperre 47 1
Warenverzeichnis 46 46
Warenzeichen 45 6, 83, **46** 6, 26, **47** 43, 44, 45, **57** 145, 181, **58** 158, **60** 7; Begehungsort im Inland **48** 42; Löschung **48** 122; Mißbrauch **49** 24, 64, 89; Verwechslungsgefahr **48** 115; Wortzeichen **48** 44
Warenzeichenschutz 45 69
Warnung, Verhältnis zur Drohung **54** 109
Wäsche, hauswirtschaftlicher Gebrauch **46** 120
Wasserleitung 58 157
Wechsel 48 89, 103; Blankettfälschung **51** 61
Wechsel der Gesetzgebung 46 83, **57** 101, 108, **59** 42, 129
Wechselgeschäfte, Irrtum **51** 33
Wechselstempel 47 60; Fälligkeit **49** 58
Wechselstempelabgabe 56 137
Wechselstempelgesetz 52 24
Weggeben, Bankrott **48** 64
Wegnahme 47 43; Diebstahl **53** 96, 106; Einverständnis des Gewahrsamsinhabers **53** 186; Gewalttätigkeit gegen Sachen **52** 18; Vollendung **54** 20, 120
Wehrbeitrag 48 93, 110, **49** 15, 48, 50, 109
Wehrpflicht, Aufhebung **55** 69; Entziehung **46** 25, **50** 64
Wehrpflichtiger, verbotene Auswanderung **51** 121
Wein, alkoholfreier **45** 29; Behandlung **45** 23; Bereitung **46** 63; Bezeichnung **45** 19; Buchpflicht **48** 119; Dessertwein **48** 34; Fälschung Dessertwein **49** 83, Rückverbesserung **49** 13, Tresterwein **49** 62, Verhältnis zur Nahrungsmittelfälschung **50** 61, Zuckerzusatz **47** 13, Fälschungsmittel **47** 125; Handel **54** 43, 69; Farbstoffzusatz **47** 35, 89; Haustrunk **47** 38, 65; Herstellung **46** 89; Kettenhandel **51** 104, **53** 12; Kognak **47** 89; als Lebensmittel **52** 114; Mischung **48** 95; Nachmachen **45** 85; Nachahmung **46** 89, **48** 8, 112; Naturweinbezeichnung **46** 54; Obstwein **47** 36; Rosinenzusatz **50** 15; Schaumwein **50** 61; Süßwein **50** 15; Steuer **56** 126, 146, **57** 1, 53, 146; Verkehr mit Weinessenz **46** 69; Verschnitt **45** 49; Zitronensäurezusatz **50** 61; Zuckerung **47** 114, **50** 15; s. a. Getränk weinhaltiges, Naturwein
Weinähnliches Getränk 48 112

Weinbrand 60 14
Weingesetz 49 13, 44, 62, 83, 84, 103, 113, **52** 25, 38
Weinhaltiges Getränk 46 59; **47** 35
Weiterveräußerung, Schleichhandel **56** 34
Werbung 60 82
Werk der Tonkunst, Vervielfältigung **48** 39
Werkvertrag, Heereslieferung **50** 27
Werkzeugdiebstahl 52 123
Wert, Feld- u. Forstpolizeiübertretung **54** 62, 113; Mundraub **55** 99; Steuerhinterziehung **55** 95; steuerpflichtiger **56** 146; Zolldelikt **55** 85
Wertangabe, falsche bei Sacheinlagen **49** 101; bei stempelpflichtigen Geschäften **49** 39, 49, 70, 101, 120; Zollhinterziehung **47** 7
Wertanmeldung unrichtige **48** 108
Wertbemessung 46 28
Wertberechnung 57 28
Wertersatz 48 5; Branntweinmonopol **60** 80; statt Konfiskation **49** 33, 124; Konterbande **50** 110, **54** 27, **56** 113; unerlaubte Einfuhr **56** 37; Zolldelikt **51** 78
Wertfeststellung, Besitzsteuer **54** 32
Wertpapiere fremde, Depotgesetz **47** 10
Wertpapierausfuhr 52 144
Wertstrafe 57 179
Werturteil 57 214
Wettbewerb, unlauterer **45** 7, 10, 11, 37, 43, 60, 74, 88, 91, 93, 96, **54** 97; Schmiergelder **51** 7; Verrat von Betriebsgeheimnissen **51** 67; s. a. unlauterer Wettbewerb, Ausverkauf, Teilausverkauf, Vorschieben, Warenzeichen
Wetten, Renntips **47** 128; Rennwetten als Glückspiel **47** 112; Wettenvermittlung **48** 57
Wettkonzern 57 100, 184
Widernatürliche Unzucht 48 55, 69
Widerruf, Beurkundung **57** 206; eidesstattlicher Versicherung **45** 70; Falscheid **60** 59; Meineid **58** 187, **59** 33; Zahlungsannahmevollmacht **47** 132
Widersetzlichkeit, Anreizung **50** 40, **57** 209
Widerspruch, innerer **57** 139, 149
Widerstand gegen die Staatsgewalt, Abgeordneter **47** 81; Finanzbeamte **58** 92; Gesetzeseinheit mit Bedrohung **54** 90; Jagdaufseher **44** 94, **60** 96; Militär **60** 118; Privatunterricht **46** 84; rechtsmäßige Amtsausübung **55** 87, 117; Verhältnis zum Aufruhr **54** 160
Widerstreit, Pflichten **51** 70
Wiederaufhebung eines Eröffnungsbeschlusses **45** 61
Wiederaufnahme der Anklage 56 45

Wiederaufnahme des Verfahrens 47 11, 50, **53** 194, **57** 8, 159, 161, **58** 25, 82, **60** 139
Wiederbeschaffungspreis 57 22, 114, 223
Wiedereinsetzung in den vorigen Stand **50** 77, **52** 42, 143, **53** 164, 170, 185, **54** 138, **58** 75
Wiedereröffnung der Hauptverhandlung **59** 137
Wiedergabe von Beschimpfungen **46** 97
Wiedergutmachung 57 130
Wiederholungsfall, Zolldelikt **54** 118
Wiegeschein, Urkunden-Fälschung **53** 80
Wilderer, Notwehr **53** 65
Wildern 49 75
Wildschein, öffentl. Urkunde **45** 82
Willensbestimmung freie **57** 41
Willensentschließung, Nötigung **48** 104
Wirtschaftsbetrieb, Kleinhandel **50** 1
Wissentliche Begehung 46 83
Wissentlichkeit, Begünstigung **53** 187, **55** 70; Hehlerei **55** 116
Wohngebäude 60 54
Wohnungsamt 56 180
Wohnungsmangel 55 47
Wohnungswucher 53 163
Wohnungszwangswirtschaft 58 136
Wortzeichen 48 44
Wucher 60 75
Wuchergericht 55 136, 138, 156
Wuchergeschäft, Besitzsteuer **54** 32; Kriegsabgabe **54** 32
Wucherpreis, Strafbarkeit der Bewilligung **51** 53
Württemberg, Polizeistrafgesetz **49** 93; Weingesetz **49** 44

Z.

Zählerverschluß, Urkundenfälschung **50** 56
Zahlungsbefehl 59 38
Zahlungsempfang, Vermögensvorteil **53** 46
Zahlungsmittel, ausländische **58** 57; verbotener Handel **50** 49
Zahlungsverbot, England **49** 69, 82, 94, 132, **50** 8, **51** 5, **53** 8, 134; Rußland **49** 69, **53** 134
Zahme Haustiere, Diebstahl **58** 52
Zahnarzt 48 2
Zechprellerei 46 106
Zeichenschutz 46 6, 26, **48** 42, 43, 44, 45, 115
Zeichnungen als Beweismittel 47 73
Zeit der Begehung, fortgesetzte Handlung **50** 73
Zeitdauer, Strafgesetz **47** 28, 30, 70, 129
Zeitgesetz 57 108, 218
Zeitliche Beschränkung, Strafgesetz **55** 93, **56** 143
Zeitliche Geltung, Strafgesetz bei Tateinheit **50** 117
Zeitschrift, Nachdruck von Beiträgen **49** 7
Zeitung 45 18, 67

Zeitungsankündigung, unlautere Reklame **50** 4
Zeitungsanzeige **59** 74
Zerstörung, Eisenbahn **55** 90; Gebäude **54** 89
Zeuge, Ablehnung **52** 87, **54** 75; Antrag auf Ladung **49** 19; Antrag auf Wiederholung der Einvernahme **47** 96; Aussageverlesung **54** 13; Beeidigung **46** 55; Beeidigung trotz Teilnahme **52** 3; Beeidigung, teilweise **49** 110; Beeidigung, unzulässige **56** 47, 78; Beeinflussung **49** 4; Befragung zur Person **45** 103; Begünstigung **46** 20, **54** 25; Berufung auf einen früheren Eid **49** 68; Dolmetscher **45** 71; Ehegatte einer ungültigen Ehe **47** 84; Eidesbelehrung **54** 146; Gegenüberstellung **48** 58; Geisteskrankheit **57** 98; Geistlicher **54** 24; Gemeinschuldner im Masseprozeß **49** 11; gesetzlicher Vertreter **59** 111; kommissarische Vernehmung **49** 51, 105, 110; konsularische Vernehmung **49** 105; Mennoniten **52** 33; Mitangeklagter **52** 67; Nichtbeeidigung **47** 87, **50** 44, 47, **53** 68, 90, 117, 149, **55** 131; Teilnahmeverdacht **54** 158; Unauffindbarkeit **52** 23; Ungehorsam **57** 20; unmittelbare Ladung **54** 123; Unterbrechung der Hauptverhandlung **54** 149; Verteidiger als **54** 49; Vorhalt früherer Aussagen **50** 32; Zeugnisverweigerung **50** 47; Zuziehung zu Vollstreckungshandlungen **55** 117
Zeugenaussage, Verlesung **46** 13, 34, **48** 12, 27, 106, **52** 47, **59** 97; widersprüchige **59** 50
Zeugenbeeidigung **58** 165, 167
Zeugeneid, Mennoniten **46** 10; Sachverständiger **53** 152, **55** 100; Umfang **60** 143
Zeugenladung, undurchführbare **57** 86
Zeugenvernehmung **46** 24, **50** 32, 124, **57** 165, 214, **59** 94; Ablehnung **51** 2, 8, 16, 25, 47; auswärtige **58** 49; Erschütterung der Glaubwürdigkeit **51** 2; freiwillige Abwesenheit **52** 37; kommissarische Vernehmung **51** 8; Öffentlichkeit **48** 61; Personenverwechslung **55** 12; Teilnahmeverdacht **56** 11; Verdacht der Begünstigung durch Zeugen **51** 25; Unterstellung der Beweistatsache **51** 2
Zeugnis, Verlesbarkeit **53** 160
Zeugnisverweigerung **51** 46
Zeugnisverweigerungsrecht **46** 7, **48** 106, **55** 10, **59** 23; Belehrung **46** 34, **60** 45; unrichtige Belehrung **48** 81; mittelbarer Beweis **48** 74
Ziel **60** 79
Zigarren, Kettenhandel **51** 104
Zigaretten, Einzelverkauf **46** 107

Zigarettensteuer 45 69, 76, **46** 37, **54** 105, 134, 169 172, **55** 5, 58, 163, **56** 25, 84, 96, 120, **60** 71; Einziehung **50** 82; Hinterziehung **48** 7, 33; Kriegsaufschlag **50** 82
Zitronensäure, Weinfälschung **50** 61
Zoll 45 53
Zollausschlußgebiet 45 9, **56** 18, **57** 182
Zollbehörde, Revisionsrecht **49** 57
Zollerklärung, Haftung für Richtigkeit **50** 46
Zollgrenze 57 188, **59** 61
Zollhinterziehung 46 53, **47** 5, 7, 117, **48** 5, 33, 108, **49** 57, 122, **51** 51, 78, 128, 131, 140, **56** 6, **57** 179, **60** 119; Motiv **53** 190; Verjährung **54** 112; Zusammentreffen mit anderen Delikten **53** 143
Zollkartell, Schleichhandel **48** 80
Zollkartell, deutsch-österreichisches 53 143
Zollstellen im Ausland 48 9 **57** 33
Zollstrafrecht 60 70
Zolltarif 46 46
Zollvereinsgebiet 49 69
Zollvergehen 46 91, **50** 46, **52** 105, 116, **54** 30, 33, 71, **55** 29, 74, 95, 125, 163; Beihilfe **50** 110; Rechtsvermutung **50** 30; spezielle Deklaration **50** 30; Umwandlung von Geldstrafen **50** 19
Zubereitung bierähnlicher Getränke **46** 1
Zuchthausaufseher, Dienstpflicht **53** 167
Zuchthausstrafe 55 28, 51; Bemessung **60** 99; Umwandlung von Geldstrafen **54** 144
Züchtigungsrecht, elterliches **49** 117; Lehrer **45** 1; Religionslehrer **52** 39
Zucker, Einfuhranzeige **51** 101; Preistreiberei **53** 10
Zuckerrübe, täglicher Bedarf **53** 10
Zuckerung s. Wein; Weinfälschung **50** 15
Zueignung, rechtswidrige, Amtsunterschlagung **29** 64; Diebstahl **49** 36, 121, **50** 11, **52** 71, 167, **55** 32, **57** 87; Gebrauchsanmaßung **52** 167; Unterschlagung **55** 98
Zuhälterei 45 62, **55** 49, **57** 32, 201, **58** 106; früherer Unzuchtserwerb **48** 125
Zündwarensteuer 45 105, **46** 76
Zurechnungsfähigkeit 57 41; Ablehnung von Fragen an Sachverständige **51** 74
Zurschaustellung 45 55
Zurückhaltung, Preistreiberei **50** 39
Zurücknahme des Strafantrags **48** 54, **49** 130, **57** 135; bedingte (Rechtsmittel) **60** 124
Zusammenhang 49 3, 5, 17, 22, 46, 68, 76, 107, 115, 118, 128; Gerichtsstand **45** 36; sachlicher **57** 38; Straf-

sachen verschiedener Zuständigkeit **48** 30, 36, 91; ursächlicher **57** 205, **58** 64; ursächlicher bei fahrlässiger Tötung **51** 49
Zusammenrottung **56** 139; innerer Tatbestand **51** 139; Landfriedensbruch **52** 18, 57, **54** 37, **60** 116; Meuterei **50** 20, **55** 37; öffentliche **53** 22, 173, **54** 40
Zusammentreffen, rechtliches **56** 9, 18, 26, 86, 125, 160; sachliches s. Tateinheit; Vorsatz u. Fahrlässigkeit **48** 76
Zusatzfrage, Tateinheit **53** 142
Zusatzstoff, verbotener **48** 112
Zusatzstrafe **50** 19
Zuschlag, Einkommensteuer **48** 116; Grunderwerbsteuer **57** 67
Zuschlagsporto **48** 39
Zuständigkeit, Amtsanwalt **51** 77; Bezeichnung durch das Reichsgericht **45** 15; Entgegennahme eidesstattlicher Versicherungen **47** 47, 123; Erlaß von Ausfuhrverboten **50** 12; Festsetzung von Höchstpreisen **50** 123; Genehmigung einer Verteidigerbestellung **55** 115; Gerichtsschreiber **53** 82; Gerichtsschreiber bei einer Strafkammer an einem Amtsgericht **48** 40; Jugendsachen **58** 40; Kriegsgericht **50** 7; Landgericht **54** 68; militärischer Diebstahl **54** 14; Militärgerichtsbarkeit **55** 97; Militärgericht und bürgerliche Gerichte **50** 120; Oberlandesgericht **55** 54; Reichsgericht **59** 115; Reichspräsident **55** 67; Staatsgerichtshof **59** 14; Strafkammer **45** 36, 87; Verweisung **45** 38; Verordnungsrecht im Belagerungszustand **50** 13; Wiederaufnahmeverfahren **47** 11, **60** 139
Zustellung **47** 31, **49** 37, **56** 174; Einziehungsbeteiligte **53** 182; Revisionseinlegung **53** 126; Staatsanwaltschaft **57** 30; Zulassungsbeschluß bei Nebenklage **51** 52
Zustimmung, Beleidigter **51** 23
Zuwachssteuer **49** 22
Zwangserziehung, Entführung **48** 56
Zwangsvollstreckung, Gläubigerbegünstigung **48** 6; Vereitelung **59** 101
Zweck, Notwehr **60** 86; Unterschied zu Absicht, Beweggrund u. Vorsatz **49** 36
Zweiaktige Straftat **59** 29
Zweigniederlassung, Ausfuhrverbotsverletzung **51** 5; Handelserlaubnis **53** 5
Zweikampf **60** 84; Vollendung **52** 34
Zwischenentscheidung **59** 80
Zwischenhandel **49** 97; Kettenhandel **51** 95
Zwischenschrift **57** 134

Gesetzesregister.

Die fettgedruckten Ziffern verweisen bei den kleineren Gesetzen auf die Bandzahl, die gewöhnlichen auf die Entscheidungsnummern.

Bei den größeren Gesetzen (StGB., StPO., GVG., BGB. u. RVerf.) verweist die fettgedruckte Ziffer auf den Paragraphen; die erste nach dem Paragraphen oder einem Strichpunkt folgende Ziffer verweist auf die Bandzahl, die folgenden auf die Entscheidungsnummern.

Strafgesetzbuch (StGB.). **1** 52 177; 60 47 **2** 45 19; 46 32 73 83 91; 47 28 42 118 129; 49 30 116 125 133; 50 46 88 135; 51 19 58; 52 171; 53 10 36 54 137 143; 54 71 126; 55 62 69 92 93 108 143; 56 24 77 87 94 143 154 201; 57 59 101 108 218; 58 102 113 147 149 181 186; 59 35 42 71 78 87 95 129; 60 49 127 137 **3** 48 9 19 42 43; 52 80 **4** 48 9 42 43; 50 100; 55 149; 57 25 74 **5** 59 5 **7** 54 60 61 **10** 57 213 **11** 47 81 **16** 46 81 **17** 59 78 **19** 46 81; 60 99 **20** 54 44 **21** 48 83; 54 145; 55 51 177 **27** 52 177; 54 27; 59 51 87 129; 60 71 136 137 **27a** 59 129; 60 106 136 **27b** 58 23 111; 59 9 19; 60 43 63 **27c** 58 149 **28** 45 79; 50 19; 54 15 27 145; 60 8 **29** 45 79; 48 66; 51 64; 53 169; 54 15 27 56 62 145; 56 32 74; 58 111; 59 9 **29a** 60 80 **31** 50 5; 55 28 **32** 59 78; 60 50 **34** 50 5; 54 8 **36** 57 159 **40** 45 6 83; 49 55; 52 102 157 159; 53 59 98; 54 73 162; 55 24; 56 109; 57 63 116 170; 59 84; 60 25 **41** 46 119; 48 65 **42** 46 119; 48 9 38; 53 59 98 **43** 45 41 65; 46 56; 47 18 22 59; 49 5; 50 9 64; 51 72 99 113 119; 52 41 43 79 90 92 106 146; 53 11 23 58 62 84 108 111 119 186 193; 54 20 26 53 76 88 102 117 118 119 156 167; 55 24 55 59 105 112 137; 56 10 30 87 99; 57 88 96 99 139; 58 100 132 136 140 145 176; 59 1 38 55 122; 60 4 11 12 54 74 76 **44** 46 81 51 41 113; 55 51; 59 53 **46** 47 2 22 111; 51 72; 52 90; 54 73 162; 55 36 59; 56 72 102; 57 139 143 151; 58 132 140; 59 133 **47** 46 56 60 81; 48 48 60; 49 63; 50 6; 51 55 57 119 131; 52 3 74; 53 69 85 103; 54 66 73 116 131 155; 55 33 42 148; 56 102 132; 57 74 145

146; 58 133 181; 59 29 30 38 39 70 81 119 124 127; **48** 46 56 60 81; 47 115 117; 48 60; 49 18 41 55 110 115; 50 124; 52 3 74; 53 73 103; 54 53; 55 42; 56 10 26 88 102 164; 59 11 14 29 32 34 79 127; 60 1 58 120 **49** 45 21; 46 56 60 81; 47 6 115; 49 45 115; 50 85 110; 51 15 54 131; 52 3 74 80 103; 53 83 103 167; 54 67; 55 59 148; 56 2 10 11 87 102 132 184; 57 12 38 80 139 155; 58 7 8 55; 59 38 111 119 127; 60 4 11 39 50 76; **49a** 46 111; 47 71; 52 127; 53 165 195; 56 43 78 176; 57 89 122; 58 43; 59 119; 60 11 39 **49b** 58 176 **50** 54 133; 55 98; 59 47; 60 58 **51** 46 56; 50 58; 52 99; 57 141; 60 15 **52** 50 58; 54 170 171; 56 102; 59 31 **53** 46 94; 48 63; 53 65; 54 22 85; 55 44 88; 56 14 132 142; 58 13; 60 8 94 141 **54** 54 171; 57 136; 59 86 88; 60 39 48 112 **55** 50 58 **56** 47 120; 48 94; 50 58; 53 73; 58 48 **57** 47 120; 48 94; 54 87 **58** 53 191; 57 119; 59 31 **59** 45 64 90; 46 7; 47 18 59 122; 49 36; 50 109 140; 51 5 11 13 107; 52 46 48 51 52 171; 53 65 179; 54 3 66 85 133; 55 19 43 74 132; 56 87 115 165 186 200; 57 12 139 140 172 186; 58 29 30 117 147 148; 59 2 67 86 101 112 130 154; 60 32 43 94 104 112 126 131 143 **60** 52 96; 54 15 56; 59 76 **61** 45 26; 46 16 57 73; 47 55 63 74; 48 54; 49 17 60 130; 50 104; 51 23 26 32; 54 6; 59 43; **62** 46 16 57 73 **63** 49 130 **64** 48 54; 49 130; 51 32; 52 101; 55 13; 57 135 **65** 49 60; 50 43; 51 32 **66** 53 157; 56 168 **67** 48 7; 52 21 29; 53 105; 57 70; 59 3 **68** 52 29; 56 186 **69** 46 69; 52 20 49; 58 45 124; 59 69 **73** 45 11 47 69 76; 46 11 14 37 72; 47 53 68 115 120 124; 48 45 51 60; 49 17 44 54 61 75 107 108 118 120 128; 50 19 21 115 117 119 123 134; 51 3 24 31 38 63 64 80 82 85 107 113 138; 52 40 77 79 95 105 125 142 149 151 177; 53 20 23 32 103 108 111 125 137 144 145 155 159 166 169; 54 18 29 54 63 70 71 80 81 99 114 121; 55 17 49 58 73 135; 56 9 26 44 86 125 153 157; 57 15 27 46 54 70 74 84 88 99 103 151 153 169 177 180 190 194; 58 7 15 16 88 100 107 114 154; 59 11 32 36 51 52 75 92 95 96 102 103 106 113 134 138; 60 20 24 25 27 60 61 75 78 98 110 123 129 133 **74** 46 51; 47 6 50; 48 51 60 83; 50 19 21 57 78 115 123; 51 3 38 64 85 107; 52 70 142 149 151; 53 20 75 86 140;

54 13 26 63 88 118 121 141 146; 55 49 51 58; 56 26 121; 57 38 180; 58 16 31 32; 59 9 49 138; 60 110 133 134 **75** 46 51 **76** 46 51 **77** 46 51 **78** 46 51; 48 66; 50 19 71; 51 64 **79** 46 51; 48 83; 49 26; 53 55 140; 59 60; 60 134 **81** 53 165; 54 44; 56 86 89 132 181; 58 3 **82** 56 40 89 132; 58 3 **86** 56 40 181 **88** 56 81 **89** 49 128; 51 99; 52 6 127; 53 23 58; 56 184 **90** 49 128; 51 99; 52 6; 53 23 58; 55 150 **91** 49 128 **92** 56 157 **95** 48 50 **97** 47 17; 48 50 **99** 48 50 **101** 48 50 **105** 47 81 **106** 47 81 **107** 58 146 **108** 56 188; 58 146 **109** 47 21; 48 23 **110** 46 84; 50 40; 54 127; 55 4; 58 94 102; 59 52 **111** 46 69; 50 40; 57 147 **112** 58 94; 60 62 118 **113** 47 81; 50 40; 53 31 173; 55 87 117; 58 92; 60 118 **114** 46 31; 54 65 66 109 160; 55 19; 56 8 19 111 132 192; 60 118 **115** 53 22 31 173; 56 139 **117** 46 94; 48 51; 54 90; 57 43; 60 94 **120** 47 13; 57 153 **121** 55 126; 57 40 **122** 48 67; 49 119; 50 20; 54 155; 55 37; 58 35 **123** 46 14; 47 81; 53 159; 54 26 139 170; 55 33; 57 69 **124** 47 6; 51 139; 53 30; 54 39; 55 18 21 56 **125** 45 32; 50 7; 52 18 57; 53 22 144 156; 54 40 148 151; 55 18 21 56 139; 56 125; 58 98 114; 60 116 **126** 58 104 **127** 53 131; 56 139 **128** 58 104 180 **129** 54 48; 58 104 180 **130** 50 106; 54 16 **132** 46 52; 54 122; 55 14 48; 56 82 114; 58 85; 59 96 **133** 47 122; 50 122 134; 51 79 130 136; 52 123 155; 53 20; 54 54 106 114; 55 144; 56 62 122 192; 57 6 190; 58 154; 59 103 **134** 59 78 **136** 48 107 **137** 48 107; 51 80; 58 160 **138** 59 78 **139** 53 90; 60 83 **140** 50 64; 51 121 **141** 49 76; 50 36 64 **142** 55 69 **143** 46 25 **145** 45 99; 52 51; 57 103 **145a** 60 126 **146** 48 38; 51 134; 54 99 130; 55 24 129; 58 121 159; 59 13 17; 60 110 **147** 52 39; 58 182; 59 29 **148** 54 99 **149** 48 38; 51 134; 54 99; 55 24; 58 121 159 182; 59 13 **151** 48 47; 55 24 161 **152** 48 38; 55 24 **153** 49 92; 58 145; 59 10; 60 35 98 123 **154** 45 31; 47 102; 53 41; 54 53; 55 109; 57 149; 58 145 169 171; 59 10 108; 60 1 12 26 27 32 143 **155** 58 145; 59 10 **156** 45 70; 47 9 47 123; 49 11 21; 50 54; 52 40; 57 29; 58 71; 59 65 **157** 47 102; 53 41; 55 109; 57 149; 58 136 140 169 171 178; 59 10 33 75; 60 19 26 45 99 **158** 47 102; 53 41; 58 89 171 187; 59 10 33 75; 60 59 **159** 47 102; 49 4; 53 21; 54 53; 59 90 116

160 45 65; 47 102 **161** 47 102; 60 98 **162** 47 102 **163** 45 31 70 110; 46 40; 47 47 102; 49 11 92; 50 54; 57 117; 58 89; 60 27 32 59 **164** 46 23; 47 12; 53 111; 58 109; 59 14; 60 11 **165** 58 146 **166** 45 5; 46 97; 47 40; 56 67; 59 135 **167** 48 92 **168** 48 92 **169** 56 69 **170** 47 84 **171** 55 157; 57 141 **172** 58 169 **173** 47 59; 57 70; 60 81 **174** 45 80; 46 92; 53 103; 57 7 79 167 199; 58 5 29; 60 81 **175** 48 69 **176** 45 84; 46 80; 47 22 120; 48 47; 52 2; 53 155; 57 70 119; 58 132 **177** 59 51 **180** 48 55; 51 18; 57 121 201; 58 46 106 **181** 46 42; 48 55; 57 201 **181a** 45 62; 48 125; 55 49; 57 32 201; 58 106 **182** 46 39; 53 63 **183** 49 38; 51 62; 53 70 **184** 46 3 35 108; 47 69 126 127; 48 19 65 68; 55 48 155; 56 90; 57 92 157 183 **185** 45 28 84; 46 19 31 43 61 80 99; 47 17 120 124; 48 20; 49 108; 50 14 104; 52 141; 53 73; 54 153; 55 73; 57 84 101; 59 51 134; 60 18 117 **186** 50 104; 52 77 141; 55 73; 56 51 186; 59 69 134; 60 113 **187** 48 120; 53 11; 58 18 **191** 59 69 **193** 45 28; 46 43 61; 47 51; 50 14 104; 54 140; 56 186; 58 18; 59 63 105 134; 60 117 **195** 59 43 **196** 46 57; 50 104; 57 221; 59 46; 60 36 **200** 46 19; 58 26; 60 36 **201** 60 84 **202a** 45 45 **205** 52 34 **207** 60 84 **211** 47 53; 51 44; 53 193; 54 18; 55 55 112; 56 9 10; 59 19 92; 60 24 61 **212** 45 57; 47 53; 51 44; 54 17; 59 55 122 **213** 45 57; 59 4 **214** 57 27 35; 58 73 105; 59 80 81; 60 31 89 **216** 45 57; 53 168; 55 103 **217** 59 4 **218** 47 18; 52 19 106; 54 117; 56 87 162 175; 57 38 80; 58 55; 59 36 138; 60 11 39 46 127 **219** 56 162; 57 38 80; 59 138; 60 46 50 58 127 **221** 45 80; 54 132; 59 123 **222** 50 10 76 140; 51 22 49; 52 22; 53 72; 54 21 173; 56 14 142 168; 57 76 90 120 197; 59 30 102 112 130; 60 15 **223** 45 1; 46 47 94; 49 117; 55 49 103; 56 29; 57 44 102; 59 94; 60 40 **223a** 46 47 94; 49 117; 55 103; 57 44; 58 155; 59 124; 60 40 **224** 58 84; 59 94 **226** 46 93; 59 39 54 124 **227** 46 93 59 32 39 88 **229** 53 119; 56 43; 59 1 **230** 50 76; 56 168; 58 13; 59 43 51 90 107; 60 15 38 **231** 46 47; 55 103; 59 37 **232** 57 44; 59 43 **235** 45 73; 47 13; 48 56 98 126 **237** 58 131 **238** 47 15 **239** 59 96 **240** 48 104; 49 100; 54 66 81 139; 55 16 148; 58 54; 59 96; 60 57 **241** 54 91 139; 58 54 **242** 45 46 58; 47 6 23 66 99;

48 18 37 113; 49 36 121; 50 11 52 78; 51 3 38 42 48 136; 52 41 69 71 125 128 155 167 168; 53 44 62 83 94 97 106 108 119 167 170 186; 54 14 20 26 36 54 71 73 76 104 115 120 131 135 161 167; 55 8 32 58 137; 56 11 26 60; 57 6 27 87 103 105 172; 58 21 23 107; 59 92; 60 93 94 133 **243** 45 46 56 58; 46 81; 47 6 32 42 66 99 105 118; 48 86; 49 12 78; 50 16; 51 42 48; 52 27 46 62 103 107 166 168; 53 44 45 74 83 93 97 108 111 147 151 158 159 186 187; 54 9 26 36 71 95 100 144 161 164; 55 8 23 25 76 83 91 99 105 113 127; 56 20 44 49; 59 62; 60 132 133 **244** 47 32 42; 52 96 125; 54 28 74 133 138; 60 133 **245** 50 73; 52 96; 60 73 **246** 45 58 111; 46 37 104; 47 66; 48 37 113; 49 5 52 133; 50 11; 52 69 99; 53 47 85 171; 54 78 104 105; 55 37 78 98; 56 9 52 164; 57 23 59 123 172; 58 23 107 108; 60 93 **247** 46 92; 49 52; 57 105 **248** 51 109; 54 104; 60 133 **248a** 46 71 73 115; 52 128 155 **249** 46 113; 54 100 116; 55 135; 56 9 43 148; 58 47; 60 24 94 133 **250** 47 53; 54 18 100 116; 55 135; 56 15 184; 57 165; 60 61 **251** 47 53; 55 135; 56 9 181 184; 59 92 97; 60 61 94 **252** 60 133 **253** 49 108; 53 161; 55 2; 56 88 169 203; 60 94 **254** 55 2 **255** 55 135; 56 125 163; 60 94 **257** 46 20; 50 64 124; 51 31; 52 103; 53 51 83 96 162; 54 25 59 135 159 175; 55 9 70 96; 56 2 107; 57 44 75 121 153 155 177 180 219; 58 7 56 74 137; 60 43 94 120 **258** 47 68 76 94; 49 115; 52 103; 53 96 162 187; 57 155 177; 58 63 154 **259** 45 14; 47 68 76 94; 49 115 124; 50 57 58 78 98; 51 38 66 106; 52 50 103 104 165; 53 15 48 79 88 96 114; 54 21 55 59 77 135 168 169 170; 55 25 31 46 78 111 116 120 132 153 159; 56 4 27 50 85 92 103 159 164 198; 57 23 39 54 82 103 105; 58 51 59 74 108 123 145; 59 44 49 70 128 **260** 47 68; 53 79; 54 77 105 168; 57 187; 58 11 12; 59 49 **261** 54 138; 58 177; 59 57 **263** 45 11 41; 46 53 72 104 117 121; 47 2 19 45 111; 48 28 52 89; 49 5 6 121; 50 9 23 78 102 112; 51 3 11 14 61 72 113 114 119; 52 65 75 79; 53 23 84 111 124 146 154 183; 54 2 8 23 98 99 102; 55 20 32 41 145; 56 5 30 112 160; 57 99 103 189 202; 58 15 65 83 88 101 140 160 182; 59 35 38 44 97 99 120; 60 41 60 101 110 148 **264** 48 4; 50 73; 54 100 133 138; 57 192; 58 25;

59 113; 60 73 **264a** 46 106; 48 16 **265** 48 52; 56 44; 59 73 82; 60 51 **266** 45 73 111; 46 41 104; 47 10 32; 48 48 86; 49 133; 55 71; 56 94; 57 123; 60 108 **267** 45 77 82; 46 30 64 77 79 118; 47 62 111; 48 14 17 72 84 118; 49 8 99; 50 48 50 56 62 74 85 141; 52 8 35 40 43 48 53 88 93 98 108 117 124 151 166; 53 52 71 80 123 133 146 150 188; 54 53 152 157 162; 55 20 52 60 64 65 86 94 146 154; 56 31 59 63 115 118 160 172 173; 57 9 37 91 99 118 164; 58 9 22 34 65 100 133 134; 59 7 16 103 120 121 126; 60 9 44 56 68 74 76 129 131 **268** 46 77 116; 47 111; 48 84; 50 14 48 83 141; 51 3 11 14 81 87 97 114 134; 52 43 48 53 93 108 117 124 151 163; 53 46 52 133 146 150 188; 54 157 162; 55 20 151; 56 63 99 115 179; 57 37; 58 65 100; 59 7 16 103 120; 60 68 74 126 **269** 46 77 116; 50 50; 51 11; 60 56 **270** 47 111; 51 18 118; 52 93; 55 94; 58 182; 59 80; 60 129 131 **271** 45 16; 46 33 77 78; 49 16; 52 68; 55 160; 58 16 34; 59 7; 60 44 56 74 76 **272** 58 34; 59 7 **273** 57 165; 58 16 28 34 **274** 47 62; 48 77; 49 37; 50 62; 52 53; 54 163; 55 40; 56 63 93 160; 58 28; 60 92 140 **275** 52 134; 55 43; 56 119; 57 148; 59 103 **276** 59 103 **284** 45 108; 46 48; 47 70; 55 108; 56 61 124; 57 100 **284a** 59 47 **284b** 57 63 **285** 47 112; 55 108; 57 100; 59 47 **286** 45 108; 52 72; 55 152; 59 110; 60 51 82 126 135 **288** 59 101; 60 27 **291** 57 172 **292** 46 32; 49 23 75; 56 159; 59 18; 60 94 **293** 46 32; 49 23 75 **294** 56 159 **295** 53 59 98 **299** 51 130; 54 144 **302** 58 151 **302a** 58 151; 60 5 37 75 **302b** 60 75 **302e** 53 163 **303** 48 62; 54 155 191; 57 151 **304** 55 33; 58 157 **305** 54 89; 55 90 **306** 48 52; 60 34 52 54 **307** 49 32 **308** 49 32; 60 52 **309** 54 154; 60 34 **310** 56 48; 57 151 **311** 49 32; 57 13 **315** 51 29; 53 115 **316** 53 66 115 **328** 45 73 111; 46 15 83; 47 28 30; 59 97 **329** 49 27; 50 26 27 100 102 128; 53 13; 59 93 97 **330** 56 168; 57 106 **331** 49 53; 51 34; 56 180 193; 57 186; 59 96 **332** 50 79; 52 180; 54 154; 55 27; 56 180; 57 19 173; 58 90 118 124 **333** 47 20 61; 48 15; 49 53; 52 119; 54 4 154; 55 27 98; 56 26 180; 57 85 116 173 **334** 54 154 **335** 51 34; 54 97; 58 76 90 **336** 57 21; 59 93 96 **339** 46 112; 49 100; 53 161; 56 68 114 200 203; 59 89; 60 3 **340** 45 1; 57

120; 59 32; 60 40 125 **345** 205 **346** 54 175; 57 14 **347** 54 124; 57 40 **348** 45 35; 46 2 77 118; 48 121; 49 8 34; 50 126; 52 140; 53 57 123; 56 188; 57 31 91; 58 154; 59 64 103 106; 60 9 13 56 **349** 46 77 102; 53 123; 58 154; 59 103 106; 60 9 **350** 45 68; 46 77 102; 49 28; 50 75; 51 24 42; 52 79; 53 47 123; 54 104 129 157; 55 98; 57 17 87 163; 58 154; 59 64 106; 60 3 30 08 129 **351** 45 68; 53 47; 55 158; 58 112; 59 106; 60 6 30 108 **352** 53 53 **353** 52 79 **354** 49 28 34; 51 24 43 130; 52 130; 53 64; 54 54 89 104; 55 151; 57 6; 58 154; 59 113 **355** 46 77; 49 56; 60 125 **356** 45 72; 47 20; 49 102; 58 117; 60 104 105 **359** 49 28; 50 5 121; 51 24 43 130; 52 161 180; 53 87; 55 15 75; 56 180; 57 17 62 173; 59 2 40 55; 60 2 40 55 **360** 46 11 14; 48 51; 53 70 144; 55 24 **361** 51 89 **363** 51 97; 52 93 108; 55 65; 58 34; 60 60 131 **364** 58 28 **365** 49 25 88; 50 107; 56 182; 58 28 **366** 54 174; 58 28; 59 130 **367** 47 4; 48 97 **370** 46 102 103 120; 47 23 42 78 80 118; 50 125 134; 51 20 24 79 109 136; 52 128 155; 53 89 108 110 127; 55 99; 58 168

Einführungsgesetz zum Strafgesetzbuch (EG.z.StGB.) **45** 12 46 79 **46** 23 **47** 13; **48** 51 **49** 29 32 120 **50** 48 **51** 87 **52** 142 **54** 67 **56** 5 30 154 **59** 56

Strafprozeßordnung (StPO.) **2** 45 36; 46 36; 48 21 **3** 46 36; 48 30; 54 49 **4** 46 36; 48 36 91; 54 49 **5** 48 30 36; 49 118; 55 114 **12** 45 15 36 **13** 48 91; **15** 45 15 **18** 50 45 **22** 65 141; 57 141; 58 136 59 89 **23** 45 61 87; 49 123; 54 156; 55 85 101; 56 170; 57 124; 59 37; 60 113 **24** 45 66; 52 151; 55 30; 58 136; 59 131; 60 21 **25** 45 66; 54 164 **26** 45 66; 54 164; 57 29 **27** 45 66; 49 3; 52 151; 54 164 **28** 45 66; 47 75; 54 164; 60 47 **29** 45 66; 54 164 **30** 45 66 **31** 45 66 **33** 47 106; 56 174 **34** 51 52; 57 24; 59 15 **35** 51 52; 56 174; 59 15 **36** 47 31; 48 114; 56 174 **41** 57 30 **44** 50 77; 52 42 143; 53 170 185 **45** 50 77; 53 164 170 185; 57 29; 58 75 **46** 50 77 **48** 52 150; 54 49 **51** 45 103; 47 84; 48 106; 53 117; 55 10 **52** 48 81; 54 24; 57 34 **53** 48 12 81 **54** 48 81; 57 77 **55** 59 23 **56** 45 103; 47 28 87; 48 27; 49 110; 50 44; 52 3 67 150; 53 68 90 117 149; 54 13 53 158; 55 131; 56 47 53 183; 57 80 98 219; 58 167 **57** 46 34; 47 84; 57 217;

59 59; 60 120 **58** 48 58 61; 52 78; 54 146 **59** 54 146; 56 31 **60** 56 12; 57 174; 58 167 **61** 53 152; 57 77; 59 131; 60 143 **63** 45 71; 52 33 **64** 46 10; 52 33; 57 174 **66** 46 55; 49 68; 56 12 **67** 45 103; 55 12 **68** 60 143 **69** 57 20 **72** 52 33 78 **73** 47 55; 51 16; 52 32; 55 53 **74** 45 71; 47 75; 57 29; 58 123 **79** 45 92; 52 33; 53 152; 55 100 **80** 47 55; 52 78 **81** 54 86 **83** 51 16; 52 32; 55 53; 58 144 **85** 53 152; 55 100 **86** 52 42; 53 192 **94** 47 61; 48 20; 51 110; 52 56; 54 60 114 **95** 54 68 114 **97** 47 61; 48 20; 51 78; 52 56 **102** 58 92 **105** 58 92 **108** 47 61 **110** 47 61 **114** 56 114 **116** 48 20; 54 91 **124** 50 143 **127** 46 93; 55 88; 56 171; 57 43; 59 18 **134** 56 114 **136** 47 55 **137** 54 94 **138** 55 115 **140** 47 90; 48 141; 52 89 94; 53 91; 55 66; 57 191; 58 50 **141** 48 81 **145** 52 89 94 129; 53 91 148; 54 142; 57 132 **148** 48 20; 56 42 **149** 52 89 94; 59 111 **153** 47 30; 56 17 59 121 **155** 58 170 **156** 48 82; 55 13; 57 31 **157** 55 141 **158** 60 96 **159** 57 14 **160** 60 69 **161** 55 141; 57 14; **164** 57 149 **166** 48 26; 53 50 **170** 52 151; 55 34; 60 87 **184** 60 87 **185** 53 50 **186** 48 26; 55 124 **188** 60 87 **191** 50 42 124; 58 14 **192** 60 87 **197** 52 107 **198** 52 107; 58 61 **199** 52 107; 55 124; 58 61 **201** 52 107; 55 85 **202** 46 62; 49 65; 51 123; 60 113 **203** 52 20 **204** 60 42 **205** 54 143; 55 136 **209** 45 61; 46 18 **210 a. F.** 46 18 62; 47 103; 48 29; 49 65; 51 123; 56 45 169; 57 15 27 81; 58 165 **211** 59 19 92; 60 42 **212** 59 55 122 **213** 59 4 **214** 55 85; 59 18 81 **215** 48 114 **217** 48 111; 53 148; 55 66; 59 4 **218** 59 36 138 **219** 54 123; 59 138 **221** 59 123 **222** 46 13 34 105; 47 90; 48 26; 49 51; 52 47; 57 217; 58 41; 59 30 102 112 130 **223** 46 13; 47 90; 53 50; 59 94 **223a** 59 124 **224** 50 42; 59 94 **225** 47 73; 48 71; 49 9; 53 109 **226** 59 39 54 124 **227** 59 32 39 88 **228** 53 184; 57 134; 58 61 **229** 55 89; 56 114; 59 1; 60 61 **230** 49 9; 52 37; 58 72 **230 n. F.** 59 43 51 90 107; 60 66 **231** 58 72 **231 n. F.** 59 37; 60 109 **232** 46 50; 54 94; 59 43 **235** 56 114 **236** 46 61; 57 138 **237** 47 39; 48 75; 52 126; 53 95; 54 51 92 146; 56 28; 57 131 **238** 60 109 **239** 47 39; 51 74; 54 149; 55 53; 59 96 **240** 51 74; 55 53; 59 96 **241** 47 39; 51 74; 54 149 **242** 47 39; 52 78; 53 91 95; 54 143; 55 85 119; 57 5 43 131; 59 92 **243** 45 28;

46 75 105; 47 96 130; 48 27; 49 10 110; 51 2 16 26 47; 52 23 32 87; 53 95; 54 111; 55 128; 56 70 73; 58 37 **243 u. F.** 58 165; 59 62; 60 66 **244** 45 28; 47 29; 54 123 149; 55 5 53; 56 54; 57 86; 58 170; 60 66 **246** 49 9; 52 37; 54 51; 55 89; 56 183; 57 138 **247** 46 55; 60 61 66 **248** 51 36; 53 2 **249** 48 74; 53 192; 54 149; 56 131; 60 64 103 **250** 46 13 34; 47 90; 48 106; 49 51 105 110; 50 124; 52 1 47; 53 50; 54 13 37; 55 1; 57 98; 58 41 **251** 48 74 106; 51 46; 54 13 37; 59 92 97; 60 64 **252** 50 32; 51 46; 54 13 37; 55 122; 57 195 **253** 45 44; 51 46; 52 126; 54 13 37; 55 122; 56 97 131 **255** 52 100; 53 160; 57 166 **256** 50 47; 54 51 149 **257** 48 71; 55 63; 57 72 133 **258** 46 101; **259** 46 61 99; 47 98; 50 119 128; 53 118; 54 68; 58 142 **259 u. F.** 59 44 49 70 128 **260** 45 102; 47 73 130; 48 10 34 81; 49 18 90; 50 42; 52 2; 55 10; 58 142 **260 u. F.** 59 49 **261** 46 6; 48 122; 49 88; 52 26; 58 170; 59 57 **262** 45 100; 46 19; 47 119; 54 133; **263** 46 62 92; 49 17 106 107 108; 51 50 66 82 85 123; 52 95 105 125; 53 77 112; 54 148 159 168 169; 55 102; 56 17 58 86 158 181; 57 24 154; 58 15; 59 35 38 44 97 99 120; 60 46 102 **264** 46 99 122; 47 92 130; 50 3; 51 48; 52 127 131; 53 44 101 184; 54 159; 56 26 103; 57 8; 59 113 **265** 47 103; 51 50 66 82 86; 56 58; 59 73 82; 60 10 **266** 45 68 78 102; 46 87 115; 47 103 130; 50 128; 51 12 25 26 66 71 86; 53 129 145; 54 12 33 88; 55 23; 57 89 91; 58 137; 60 10 **267** 46 87; 47 32 98 103; 48 103; 54 88 122; 57 135 222; 59 7 16 103 120 121 126 **268** 45 69; 47 103; 48 103; 59 7 16 103 120 **269** 46 56; 47 103; 48 103 **270** 45 68; 46 47; 47 103; 49 71; 50 7; 52 158; 55 136 156; 56 181; 58 165 **270 u. F.** 58 61; 59 80 **271** 59 7 **272** 59 7 **273** 49 90; 53 49; 55 12; 56 31; 57 18; 58 69 178 **274** 49 90; 53 95 130; 55 12; 56 31 101; 57 18 86 149; 58 170 **275** 47 32; 48 40; 52 158; 54 12 22; 59 103 **276** 46 75; 48 10; 49 18; 53 109; 59 103 **278** 48 53; 56 72 **279** 56 53 72 **280** 47 25; 51 46; 55 140; 56 72 **281** 48 53; 56 72 **282** 45 66; 48 17; 53 49; 57 36 **283** 45 66; 48 53; 57 16 42 **284** 45 66; 48 53; 53 49; 56 161; 57 16 **284a** 59 47 **285** 45 66; 51 46; 57 36; 59 47 **286** 59 110 **288** 59 101 **289** 46 75 **291** 45

27; 46 75; 56 162 163 **292** 45 27 100; 47 53; 52 99 142; 55 55 68 158; 56 15; 57 162; 59 18 **293** 45 27 100; 49 90; 51 44 138; 53 156 193; 54 14 19 67 99 100 130; 56 10 79 107 162 163 175; 57 24 **294** 45 27 100; 51 44 87; 53 142 168; 54 10 143; 57 24 **295** 45 27 100; 47 53; 51 44; 53 99 142 156 168; 55 109 112 158; 57 139 **296** 54 10 38; 57 24; 60 69 **297** 47 53; 49 18; 57 162; 58 15 **300** 48 10; 53 95; 57 86; 60 124 **301** 45 27; 48 10; 54 157; 60 8 69 **302** 48 10 **303** 54 12; 57 193 **305** 46 75; 47 102; 53 76 **306** 46 75; 47 102; 54 92 112 152 158; 57 193 **307** 45 27 100; 46 58; 47 58 102; 49 118; 53 122 **308** 47 58 102; 48 124 54 157 **309** 45 27 100; 46 49 93; 47 58 102; 48 124; 53 47 76 122; 54 80 92; 56 10; 57 139 140 **310** 47 58; 48 124; 53 76; 54 80 **311** 45 27; 47 58; 48 124; 54 19 92 152 158; 56 16 **312** 46 58; 47 58; 54 152 **313** 45 86; 48 124 **314** 57 132; 60 115 **315** 57 132 **316** 49 18 **317** 53 168 **318** 58 166 **324** 60 66 **325** 49 18; 58 110 **326** 59 15 **327** 58 68 166 **328** 59 22 **330** 47 131; 58 149 **331** 60 133 **332** 59 28; 60 66 **335** 59 24; 60 124 **338** 46 99; 48 9 **338 u. F.** 58 86; 60 17 29 66 145 **339** 46 100; 59 37; 60 69 **340** 46 38; 47 48; 53 189; 59 69 **341** 48 26 40; 53 82; 60 33 **343** 45 13 76; 48 9; 60 33 **344** 59 24 43 80; 60 69 **345** 59 24; 60 25 **346** 51 52; 55 54 **347** 54 167 **348** 48 26 40 **349** 59 136 **352** 59 43 80 **354** 60 63 **355** 48 26 40 **357** 59 115 **358** 58 97; 59 13 **358 u. F.** 58 149; 59 73 76 102 **364** 50 77 **365** 57 138 **366** 49 51; 55 114 **367** 55 142 **369** 45 87; 50 45 **370** 56 14 **372** 45 13; 51 82 **374** 47 50 **375** 46 47 **376** 48 34; 49 90; 50 77; 52 22 166; 53 132; 54 68 89 153 **377** 45 28 66 68 87; 46 77 101; 47 29 90; 48 10 53 106 117; 49 3 9 123; 50 120; 51 47 77; 52 32 66 67 89 94 131 150; 53 91 101 109; 54 13 48 51 52 88 91 95 142; 55 30 89 123; 56 83; 57 18 131 132 191 224; 59 37; 60 69 **378** 48 117 **379** 56 16 **380** 48 36 **381** 46 100; 48 26 40; 52 42; 57 144 **382** 52 42 **383** 52 42; 53 126 **384** 47 2; 48 88; 49 45; 52 37 121; 53 24 102; 54 68; 56 107 109; 58 69 **385** 48 26 40; 70; 52 143; 53 82 126 170 185; 54 137; 55 62; 58 75 **386** 48 70; 52 42; 55 115 133 **388** 55 54 **389** 50 77; 53 132 **390** 47 2 **391** 47 2; 60 97 **392** 45 30; 47 2;

48 88; 52 121; 54 35 68 74 146 **393** 45 30; 47 2; 51 19; 53 109 **394** 47 2 70 115; 49 53; 51 19; 52 91; 53 9 138 140; 56 113; 58 30 **395** 47 2; 59 37 **396** 47 2 **397** 47 2; 48 67; 51 85; 54 138; 55 24; 56 15 190; 57 111; 59 43; 60 69 **398** 46 87; 47 2; 52 82 85; 53 17 86; 54 31 79; 57 64 179 223 **399** 47 11 **403** 59 37 **407** 47 11 **409** 47 50 **410** 47 50; 57 161 **411** 47 50 **413** 47 50; 57 159 161 **414** 46 11 **417** 45 50; 46 36; 57 178 **419** 60 69 **420** 45 50 **424** 46 36 **426** 60 97 **427** 60 97 **429** 46 36 47 **430** 45 76 **435** 45 50; 46 11; 48 70; 53 116; 55 84 **436** 51 52; 54 151; 56 178 **437** 48 102; 53 172; 54 151 **441** 46 11 47 **443** 46 47; 53 116 **450** 46 14; 50 71; 52 91 125; 54 137; 56 128 **451** 53 176; 56 28 **452** 53 176 **453** 47 91; 56 182; 59 3 **458** 56 182 **459** 54 30 **465** 59 43 **467** 48 102; 55 84; 60 69 **471** 52 147; 59 43 **473** 60 8 69 **477** 46 24; 48 9 27; 50 132 133; 52 25; 53 59 98; 54 7 60 55 17 **478** 53 182 **489** 56 114 **490** 47 50 **491** 45 79 **492** 53 55 **496** 46 7 **497** 51 31 **498** 51 31; 52 95; 53 118; 57 154 **499** 45 13; 46 47 98; 49 14; 53 59 172 **501** 54 166 **503** 46 38; 48 102 **504** 48 102 **505** 45 63; 48 102; 53 172 189; 57 127

Einführungsgesetz zur Strafprozeßordnung (EG.z. StPO.) 46 10; 50 143; 52 26

Amnestiegesetz v. 4. Aug. 1920 (AmnG.) 56 40; 132

Amnestieverordnung v. 3. Dez. 1918 (AmnVO.) 53 18; 19; 24; 29; 35; 40; 41; 55; 60; 132; 136; 175; 177; 178; 185 **54** 1; 6; 30; 31; 33; 126; 137; 168 **55** 6

Amnestieverordnung v. 7. Dez. 1918 (MilAmnVO.) 52 147; 148; 178 **53** 25; 26; 29; 33; 35; 37; 56; 59; 132; 139; 140; 175 **55** 28 **56** 21; 98

Arbeitszeitverordnung (ArbZVO.) 56 189 **58** 66 **60** 150

Ausfuhrverordnung (AusfVO.) 59 42

Gesetz über das Auswanderungswesen (AuswG.) 45 42 **48** 59 **55** 61

Außenhandelskontrollverordnung (AußenhKontrVO.) 58 33; 80; 161; 164; 185 **59** 42 **60** 49

Bankgesetz (BankG.) 52 51

Bauforderungsgesetz (BauFG.) 46 4; 82 **47** 56 **48** 29; 35; 101 **49** 20
Belagerungszustandsgesetz (BelZustG.) 52 11; 36; 107; 113; 146; 158 **55** 61
Besitzsteuergesetz (BesStG.) 52 76; 142; 176; 177 **54** 6; 27; 29; 32 **56** 13; 166
Bestechungsverordnung (BestechVO.) 58 30
Betriebsrätegesetz (BetrRG.) 57 158
Börsengesetz (BörsG.) 49 110 **60** 148
Branntweinkontingentierungsgesetz (BranntKontG.) 48 11
Branntweinmonopolgesetz (BranntwMG.) 55 84; 92; 95; 117; 130; 194 **57** 4; 185; 190 **58** 14; 172 **60** 48; 65; 78; 80; 136; 137
Branntweinsteuergesetz (BranntwStG.) 45 8; 81 **47** 27 **48** 41 **50** 19 **55** 72; 92 **56** 23; 152
Brausteuergesetz (BraustG.) 47 85
Gesetz über die Bundes- und Staatsangehörigkeit v. 1870 (StaatsangG.) 45 73
Bürgerliches Gesetzbuch (BGB.) 10 50 7 **18** 57 42 **105** 58 146 **107** 56 7; 58 146 **108** 56 7; 58 146 **112** 45 2 **116** 46 104; 53 7; 54 78 **117** 46 4; 58 27 **119** 57 45 **125** 56 151; 58 27 **126** 45 45; 58 182 **134** 51 34 **138** 51 34 141; 45 45 **145** 50 51 **164** 45 77; 46 104; 52 24; 54 78 **165** 58 146 **171 172 173** 46 4; 47 132 **181** 47 10 **227** 46 94 55 44; 60 3 94 **229 230** 55 44 **241** 60 5 **284** 60 5 **288** 60 5 **313** 49 49; 55 146; 56 151; 58 39 **325 326** 49 27 **368** 53 52 **398** 58 85 **415** 58 85 **550 553** 57 121 **616** 53 46 **631** 49 62; 53 9 **637** 49 27 **651** 49 62; 53 9 **688** 47 88 **741** 47 94 **762** 46 48 **783** 52 51 **793** 52 51; 58 182 **794** 51 134 **795** 60 126 **807** 50 78; 51 134; 52 51 **810** 58 22 **817** 47 19 **823** 55 103 **826** 46 6 **833** 50 87 **855** 52 69; 60 93 **856** 48 13; 50 52; 60 93 **857** 47 66; 58 107; 60 93 **858** 45 94; 60 94 **859** 55 14 **866** 47 94 **868** 46 104 **873** 49 49 **925** 49 49 **929** 47 10 94; 51 101; 54 78; 55 38 40 **930** 46 104; 47 44; 54 78 **931** 47 10 51 101 **932** 47 44; 49 5 **950** 53 88; 55 26; 57 82 **953** 60 94 **957** 50 84 **958** 48 37; 49 51 **960** 48 113 **965** 53 94 **985** 49 5 **995** 59 13 **1163** 32 **1170** 45 70 **1177** 60 32 **1253** 48 73 **1297** 48 63 **1325—29** 60 81 **1333 1334** 47 84 **1355** 60 76 **1356** 52 145 **1360 1361**

51 144 **1590** 60 81 **1631 1634** 53 116; 60 3 **1635** 48 98 **1643** 45 2 **1666** 48 56 **1677** 49 60 **1687 1688 1689** 58 5 **1696 1697** 57 167 **1707** 58 5 **1708** 60 4 **1773** 45 73; 49 60; 58 5 **1780** 45 2 **1793** 58 5 **1794** 58 5 **1796** 50 43; 58 5 **1822** 45 2; 48 28 **1886** 50 43 **1901** 59 101 **2231** 57 18

Einführungsgesetz zum Bürgerlichen Gesetzbuch (EG. z.BGB.) **45** 73 **46** 32; 94 **48** 56 **50** 6 **56** 202 **60** 81

Demobilmachungsverordnung (DemobVO.) **55** 47

Depotgesetz (DepG.) **46** 41 **47** 10 **60** 148

Deutsch-österreichisches Zollkartell (ZollKartG.) **48** 80 **53** 112; 143 **54** 27; 79

Deutsch-polnisches Abkommen v. 21. Juli 1922 **60** 48

Deutsch-tschechoslovakischer Auslieferungsvertrag vom 8. Mai 1922 **59** 100

Devisengesetz (DevG.) **57** 170

Devisenhandelsgesetz (DevHG.) **58** 135

Einfuhrverordnungen (EinfVO.) **55** 74 **56** 1; 2; 35; 65; 74; 95; 104; 105; 116; 134; 144; 154 **57** 4; 33; 49 **58** 61 119 **59** 61 **60** 65; 70

Einkommensteuergesetz (EinkStG.) **58** 87; 184 **59** 35

Internationales Übereinkommen über das Eisenbahnfrachtrecht (IntÜbereink.) **51** 101

Eisenbahnverkehrsordnung (EVO.) **46** 78 **52** 98; 180 **54** 129 **56** 118 **60** 68

Gesetz betr. die Entwendung elektrischer Arbeit (ElG.) **45** 52 **47** 101

Verordnung über Lieferung von elektrischer Arbeit, Gas u. Leitungswasser (ElVO.) **59** 77

Erbschaftssteuergesetz (ErbschStG.) **49** 22

Ermächtigungsgesetz (ErmG.) **55** 47 **57** 47; 50 **58** 58

Farbstoffgesetz (FarbstG.) **48** 105; 108

Fleischbeschaugesetz (FleischBG.) **45** 107 **48** 3; 76; 79 **49** 33 **53** 87 **55** 21 35

Gesetz betr. den Schutz von Gebrauchsmustern (Gebr.MustG.) **45** 51 **46** 26; 90

Geldstrafengesetz (GeldstrG.) **57** 59; 97; 101; 213 **58** 30; 53; 97; 102; 149; 172 **59** 129

Genossenschaftsgesetz (GenG.) **45** 48 **49** 63 **50** 41 **53** 92; 104 **58** 175

Gerichtskostengesetz (GKG.) **45** 104 **46** 47 **47** 2 **48** 102

Gerichtsverfassungsgesetz (GVG.) 6 52 81; 54 125 **8** 52 181 **10** 54 125; 56 41 **16** 56 86 **24** 59 10 **26** 59 22 **27** 46 36 **28** 59 22 **29** 58 153; 59 26 **30** 60 115 **32** 46 21 **59** 60 145 **61** 55 110 121; 56 75 **62** 45 61; 46 68; 56 83; 60 85 **63** 59 8; 60 17 145 **64** 59 8; 60 145 **65** 54 119 147; 55 110; 56 28 **66** 46 68 **67** 59 8; 60 17 **69** 54 119; 57 137 **70** 59 8; 60 145 **77** 49 3; 55 65; 60 146 **78** 50 45; 55 123 **80** 59 10 **81** 45 100; 46 19 **82** 46 75; 54 93; 60 145 **83** 60 85 114 145 **84** 60 46 **85** 46 21 **91** 60 146 **92** 60 145 **93** 47 125 **94** 51 46 **98** 51 46 **99** 60 145 **121** 55 134 **123** 48 30; 52 19 **136** 48 30; 50 143; 51 131; 52 9 24; 54 68; 55 54 **137** 45 54; 46 36; 47 111; 53 164; 55 6 127; 58 53 **138** 50 143 **142** 58 52 **148** 57 221 **149** 51 77 **151** 60 12 **159** 46 50 **160** 46 50; 52 4 **170** 47 97; 52 66; 54 103 **173** 53 153; 60 95 **174** 53 153; 55 57 **175** 47 106; 57 18 32 **177** 47 97; 54 51 **178** 54 51 **187** 45 71 **192** 59 8 **193** 45 71 **194** 46 105; 49 3; 51 46; 57 36 **195** 59 30 **198** 60 102 **203** 54 119

Verordnung zur Bekämpfung der Geschlechtskrankheiten (GeschlKBekVO.) 59 51

Gesetz über den Schutz von Geschmacksmustern (GeschmMustG.) 46 17

Gesetz betr. die Gesellschaften mit beschränkter Haftung (GmbHG.) 45 54 **46** 28 **47** 46 **48** 6; 47 **49** 66; 92; 101 **51** 9 **60** 77

Gewerbegerichtsgesetz (GewGerG.) 46 113

Gewerbeordnung (GewO.) 45 2; 67; 92; 101 **46** 5; 61; 85; 86; 95; 99 **47** 1; 4; 14; 24; 45; 88; 107 **48** 2; 31; 73; 78; 85 **49** 31; 81; 120 **50** 1; 25 **51** 55 **52** 145 **56** 168; 200; 201 **57** 55; 60 **58** 22; 51; 64; 66; 143 **59** 85

Grundbuchordnung (GO.) 48 121

Grunderwerbsteuergesetz (GrundErwStG.) 56 153; 167; 190 **57** 52; 67; 160 **58** 10; 20; 27; 39 **59** 129 **60** 4

Handelsbeschränkungsverordnung (HandelsbeschrVO.) 59 66

Gesetz betr. Aufhebung des Hilfskassengesetzes 47 129

Höchstpreisgesetz (HöchstprG.) 49 1; 12; 30; 31; 42 **50** 1; 3; 17; 59; 94; 111; 112; 119; 123; 131; 144

51 1; 7; 30; 58; 70; 100 **52** 10; 12; 55; 145; 149 **53** 7; 9; 36; 43; 133; 137; 145 **54** 31; 47 **55** 64; 87

Verordnung gegen irreführende Bezeichnung von Nahrungs- und Genußmitteln (IrrefVO.) **55** 6

Irrtumsverordnung (IrrtVO.) **56** 129; 165; 169 **57** 60; 94; 168 **58** 30; 70; 151; 181 **59** 115 **60** 147

Jugendgerichtsgesetz (JugGerG.) **57** 107 **58** 40; 48; 62; 95; 153 **59** 48; 118 **60** 22

Kaligesetz (KaliG.) **45** 90 **46** 60 **47** 100 **56** 22 **57** 171

Kapitalfluchtgesetz (KapFlG.) **56** 148; 199 **57** 88; 93; 95 **58** 17; 79; 135; 161; 174

Kettenhandelsverordnung (KettenhVO.) **51** 21; 53; 83; 93; 95; 104; 110; 116; 124; 125; 135 **52** 31; 81; 86; 114; 116; 135; 139 **53** 5; 12; 14; 27; 56; 81 **55** 68 **56** 105; 134; 195 **57** 94; 113; 128

Konkursordnung (KO.) **45** 2; 21; 54; 97 **46** 21; 29 **47** 16; 88; 93 **48** 6; 64 **49** 21; 66; 77 **50** 34 **51** 9 **52** 153 **57** 184 **58** 146 **60** 77; 98

Kraftfahrzeugsteuergesetz (KraftfahrzStG.) **58** 48 91

Kraftfahrzeugverordnung (KraftfahrzVO.) **55** 20 **58** 91 **59** 102 **60** 38

Londoner Abkommen (LondAbk.) **58** 183; 191

Margarinegesetz (MargG.) **46** 44 **50** 63

Metallverkehrsgesetz (MetVerkG.) **58** 42; 41 **60** 121; 138

Mieterschutzverordnung (MieterschutzVO.) **55** 47

Militärstrafgesetzbuch (MStGB.) **46** 56 **49** 76 **50** 7; 36 **51** 121 **52** 110 **54** 5; 14; 36; 45; 128; 154; 171 **55** 28 **56** 3; 7; 11; 68; 76; 79; 101; 121; 125; 171; 177 **57** 5; 25; 102; 209; 212; 213; 220 **58** 31; 54; 90; 94; 128; 129; 148 **59** 11; 105; 130 **60** 40; 118; 141

Einführungsgesetz zum Militärstrafgesetzbuch (EG. z.MStGB.) **50** 7; 72 **58** 128

Reichsgesetz die Aufhebung der Militärgerichtsbarkeit betreffend **60** 118

Militärstrafgerichtsordnung (MStGO.) **49** 108 **50** 120 **52** 1; 14; 80; 110; 121 **53** 82; 192 **54** 5; 10; 36; 154 **56** 76; 97; 121 **60** 95; 139

Einführungsgesetz zur Militärstrafgerichtsordnung (EG.z.MStGO.) **50** 120 **52** 14; 110

Nahrungsmittelgesetz (NMG.) **46** 17; 72 **48** 76; 105; 107 **49** 59; 106 **50** 61; 117 **52** 136 **55** 6 **59** 99 **60** 23; 122

Notgeldgesetz (NotgeldG.) **58** 121

Notopfergesetz (NotOpfG.) **58** 186 **59** 41

Paßverordnung (PaßVO.) **57** 74 **58** 118 **60** 56

Patentanwaltsgesetz (PatAnwG.) **45** 77

Patentgesetz (PatG.) **45** 77 **46** 22; 70; 123 **49** 54; 61

Personenstandsgesetz (PerſStG.) **50** 126 **57** 71 **60** 76

Postgesetz (PostG.) **45** 4; 39 **46** 9; 14; 118 **47** 72; 95 **48** 49 **51** 87 **57** 152 **58** 4; 81; 139; 173 **59** 6; 74 **60** 149

Postordnung (PostO.) **49** 121 **53** 123 **55** 151

Postscheckordnung (PostScheckO.) **54** 78

Preissteigerungsverordnung (PrStVO.) **51** 4; 7; 10; 13; 17; 27; 35; 40; 41; 53; 56; 57; 59; 60; 65; 68; 69; 73; 88; 92; 102; 103; 105; 106; 107; 110; 111; 115; 117; 120; 122; 123; 126; 127; 129; 133; 135; 141 **52** 2; 3; 4; 7; 13; 17; 28; 30; 54; 58; 63; 65; 74; 82; 85; 111; 112; 118; 136; 137; 159; 162; 164; 169; 170; 173 **53** 2; 10; 16; 17; 28; 32; 34; 39; 42; 43; 54; 57; 81; 131; 145; 149; 152; 184 **55** 80 **57** 51

Preistreibereiverordnungen (PreisTrVO.) **55** 7; 45; 68; 77; 147 **56** 1; 116; 123; 130; 149; 155 **57** 22; 46; 51; 112; 114; 125; 150; 196; 208; 223 **58** 38; 60; 82; 101; 103; 110; 122; 147; 150; 151; 156; 181 **59** 25; 27; 71; 77; 85; 98; 99; 104; 115 **60** 5; 37; 47; 65; 75; 88; 91

Preßgesetz (PreßG.) **45** 18; 33 **47** 77 **49** 35; 110 **50** 25 **53** 105; 157 **55** 47 **56** 186 **58** 116 **59** 57; 69

Gesetz über die privaten Versicherungsunternehmen (PrivVersUntG.) **49** 108

Rechtsanwaltsordnung (RAO.) **45** 72 **47** 123 **49** 102 **52** 152 **60** 104

Reichsgesetz über die Verkündung von Rechtsverordnungen (RechtsVOVerkG.) **59** 68

Reichsabgabenordnung (RAbgO.) **55** 84 **56** 17; 39; 56; 80; 137; 153; 166; 167; 187; 190; 196; 199 **57** 1; 2; 4; 52; 57; 58; 64; 66; 67; 78; 83; 96; 109; 110; 111; 127; 166; 168; 179; 185; 202 **58** 8; 10; 19; 20;

27; 36; 39; 67; 87; 91; 92; 93; 97; 125; 138; 160; 172; 186; 188; 189 **59** 20; 35; 41; 87; 95; 129 **60** 4; 13; 20; 33; 41; 60; 65; 67; 69; 70; 71; 78; 80; 97; 107; 136; 137; 142

Reichsbahngesetz (RBahnG.) 59 121

Reichsbahnpersonalgesetz (RBahnPersG.) 60 2

Reichsbeamtengesetz (RBeamtG.) 55 200; 201; **59** 52

Reichsmilitärgesetz (RMilG.) 54 8; 45

Reichsstempelgesetz (RStempG.) 45 34; 63 **46** 27 **47** 2; 108 **48** 21 **49** 18; 39; 49; 70 **52** 45 **55** 107

Ausführungsbestimmungen zum Reichsstempelgesetz (AusfB.z.RStempG.) 49 70

Reichsverfassungsurkunde von 1870 (RVU.) 45 9; 24 **49** 29 **50** 12 **52** 64

Reichsverfassungsurkunde von 1919 (VerfU.) 54 125; **55** 30; 47; 67; 138 **56** 71; 86; 89; 91; 132; 154; 165; 186; 200; 201 **57** 17; 26; 58; 71; 130; 188; 200; 211; 221 **58** 58; 124; 126; 129; 162; 181 **59** 12; 17; 40; 56; 61; 68 **60** 55 72

Reichsversicherungsordnung (RVO.) 46 96 **50** 35 **53** 154; **58** 94; 120; 126

Rennwettgesetz (RennwG.) 46 48 **47** 128 **48** 57 **60** 20

Republikschutzgesetz (RepSchG.) 57 68; 97; 108; 126; 175; 198; 207; 210; 211; 216; 219 **58** 104; 105; 180 **59** 15; 57; 58; 86

Rheinlandsabkommen (RheinlAbk.) 59 128

Schaumweinsteuergesetz (SchaumwStG.) 46 67

Scheckgesetz (ScheckG.) 54 78

Schleichhandelsverordnung (SchleichhVO.) 55 11; 68 79; 106; 154 **56** 1; 2; 24; 34; 36; 57; 95; 105; 116; 134; 144; 195 **57** 3; 12; 94 **58** 6; 102; 119

Schwerbeschädigtengesetz (SchwerBeschG.) 60 28

Seemannsordnung (SeeMO.) 45 94 **48** 123

Spionagegesetz (SpionG.) 49 35; 128 **50** 129; 142 **56** 157 **58** 2

Sprengstoffgesetz (SprengstG.) 45 95 **47** 44 **48** 96 **49** 66 **55** 121 **56** 109 **57** 169 **58** 130; 144 **59** 2; 72

Staatsangehörigkeitsgesetz (RStAngG.) 49 112

Stellenvermittlungsgesetz (StellVermG.) 48 17

3. Steuernotverordnung (3. StNVO.) 58 186; 188 **59** 87 **60** 71

Strafvermerkstilgungsgesetz (StrVTilgG.) 56 33; 38; 138; 150 **57** 203

Süßstoffgesetz (SüßstG.) 46 109 **48** 9 **49** 55; 104 **54** 107 **55** 50

Tabaksteuergesetz (TabStG.) 51 51 **52** 21 **55** 29 **56** 4; 66; 96; 135; 136; 196 **57** 54; 96; 109; 111; 115; 194; 215 **58** 24

Tabaknachzollordnung (TabNachzO.) 52 21

Gesetz über das Telegraphenwesen (TelegrG.) 47 101

Telegraphenordnung (TelO.) 46 77

Umsatzsteuergesetz (UmsStG.) 56 56 **58** 97; 125 **59** 20; 95

Gewerbliches Unfallversicherungsgesetz (GewUnfVG.) 46 117; 121

Gesetz gegen den unlauteren Wettbewerb (UnlWG.) 45 7; 10; 11; 26; 37; 43; 60; 74; 88; 89; 91; 93; 96 **46** 11; 66; 74; 85; 122 **47** 26; 33; 34; 37; 49; 57; 63; 82; 130 **48** 1; 4; 11; 13; 25; 32; 46; 87; 90; 99 **49** 17; 22; 53; 60; 64 **50** 4; 29; 33 **51** 67 **54** 29; 97 **55** 17 **56** 127 **57** 10; 11 **58** 90; 96; 190 **60** 25

Reichsgesetz über eine Entschädigung für unschuldig erlittene Untersuchungshaft (UntHEntschG.) 53 194

Gesetz zum Schutze des literarischen Urheberrechts (LitUG.) 46 16; 45; 98 **47** 80 **48** 39; 100; 127 **49** 7

Gesetz betr. das Urheberrecht an Werken der bildenden Künste und der Photographie (KunstschG.) 45 55; 109 **46** 16 **48** 27 **56** 173

Valutaspekulationsverordnung (ValSpekVO.) 58 135

Vereinsgesetz (VG.) 45 20 **47** 121 **56** 91

Vereinszollgesetz (VerZollG.) 45 9; 47; 53; 69; 76; 107 **46** 46; 53; 91 **47** 5; 7; 117 **48** 3; 33; 39; 108 **49** 33; 41; 57; 69; 120; 122 **50** 12; 28; 30; 46; 53; 110 **51** 28; 51; 78; 131 **52** 60; 105; 120; 146; 156; 160 **53** 8; 67; 134; 143; 190 **54** 15; 27; 30; 52; 71; 119 **55** 29; 74; 95; 125; 163 **56** 6; 18; 35; 37; 113; 144 **57** 28; 49; 54; 93; 129; 179 **58** 33; 80; 113; 164 **59** 61 **60** 49; 65; 70; 119

Gesetz über das Verlagsrecht (VerlG.) 49 7

Vermögensstrafengesetz (VermStrG.) 58 97

Vermögensstrafenverordnung (VermStrVO.) 60 49

Vermögenszuwachssteuergesetz (VermZuwStG.) 56 167

Versailler Vertrag (VersaillVertr.) 55 62; 118; 162 **56** 94 **57** 173
Gesetz über den Versicherungsvertrag (VersVertrG.) 45 24 **46** 8 **48** 52 **59** 82
Viehseuchengesetz (VSG.) 45 17; 75 **46** 15; 83; 95; 110 **47** 15; 28; 30; 41; 52; 54; 64; 78; 83; 107; 117 **48** 3; 78; 109 **49** 57; 81; 85; 111; 114; 127 **50** 55 **52** 61 **53** 143 **54** 79
Waffenbesitzverordnung (WaffVO.) 55 3; 82; 104 **56** 77; 100; 109; 140; 142; 143 **57** 169 **59** 2 **60** 90; 147
Gesetz zum Schutze der Warenbezeichnungen (WZG.) 45 6; 19; 69; 83 **46** 6; 26 **48** 42; 43; 44; 45; 115; 122 **49** 24; 64; 89 **52** 44 **57** 145; 181 **58** 158 **60** 7
Wechselordnung (WO.) 82 61
Wechselstempelgesetz (WStempG.) 46 60 **49** 58 **52** 24 **56** 137
Wechselstubenverordnung (WechselstubenVO.) 58 70
Wehrbeitragsgesetz (WehrBG.) 48 43; 110 **49** 15; 48; 50; 109 **52** 76 **54** 29
Ausführungsvorschriften zum Wehrbeitragsgesetz (AB. z.WehrBeitrG.) 49 50
Wehrgesetz (WehrG.) 56 7 **57** 220 **58** 94; 129
Wehrordnung (WehrO.) 51 121 **54** 7
Weingesetz (WeinG.) 45 19; 23; 29; 48; 85 **46** 31; 54; 59; 63; 69; 89 **47** 35; 36; 38; 65; 67; 89; 114; 125 **48** 8; 34; 95; 112; 119 **49** 13; 44; 62; 83; 84; 103; 113 **50** 15; 61; 132; 133 **52** 25; 38 **54** 69
Weinsteuergesetz (WeinStG.) 56 80; 126; 146 **57** 1; 53 146
Wohnungsnotverordnung (WohnungsnotVO.) 55 47
Wuchergerichtsverordnung (WuchergerVO.) 55 136; 156 **56** 24; 57; 144 **58** 164 **59** 42; 45 **60** 47
Zigarettensteuergesetz (ZigarettStG.) 45 69; 76 **46** 37 **48** 7; 33 **50** 82 **53** 28 **54** 105; 106; 134; 169; 172 **55** 5; 58 **56** 25; 84; 96; 119; 120 **58** 15 **60** 71
Zolltarifgesetz (ZollTG.) 45 9; 53
Zündwarensteuergesetz (ZündwStG.) 45 105 **46** 76
Zuwachssteuergesetz (ZuwStG.) 49 22

FSC
www.fsc.org
MIX
Papier | Fördert gute Waldnutzung
FSC® C083411

Kolibri 360 GmbH
Ferdinand-Jühlke-Straße 7
99095 Erfurt, Deutschland
produktsicherheit@kolibri360.de